W0350245

Reinhold Christiani
Gabriele Cwik (Hrsg.)

Englisch unterrichten in Klasse 1 und 2

LEHRER-BÜCHEREI
GRUNDSCHULE

Herausgeber

Reinhold Christiani, Diplom-Pädagoge, war Leitender Ministerialrat im Ministerium für Schule, Jugend und Kinder des Landes Nordrhein-Westfalen. Er ist Lehrbeauftragter an der Universität Bielefeld.
Dr. Klaus Metzger ist Regierungsschulrat, Seminarbeauftragter und zuständig für die zweite Phase der Lehrerausbildung für Grund- und Hauptschulen im Regierungsbezirk Schwaben/Bayern.

Die Autorinnen und Autoren

Bebermeier, Hans – Ltd. Regierungsschuldirektor a. D., Bielefeld
Cwik, Gabriele – Rektorin, Ministerium für Schule und Weiterbildung Nordrhein-Westfalen, Düsseldorf
Duscha, Michael Dr. – Grundschullehrer in Braunschweig, Fachberater für Englisch/Primarstufe
Edelenbos, Peter – Bildungsforscher, Besitzer der Firma Effective Educational Language Services, Groningen (NL)
Hafner, Renate – Grundschullehrerin in Blaustein bei Ulm, in der baden-württembergischen Lehrerfortbildung tätig
Kieweg, Werner Dr. – Akademischer Direktor am Lehrstuhl für die Didaktik der Englischen Sprache und Literatur, Univ. München
Kolb, Annika – Juniorprofessorin am Institut für Fremdsprachen, Pädagogische Hochschule Freiburg
Kötter, Markus Dr. – wissenschaftlicher Assistent am Englischen Seminar (Sprachlehr- und lernforschung), Univ. Münster
Kubanek, Angelika Dr. – Professorin für Englischdidaktik und Interkulturelles Lernen, Technische Univ. Braunschweig
Sambanis, Michaela Dr. – Privatdozentin (Didaktik der englischen und der französischen Sprache), Pädagogische Hochschule Karlsruhe
Schmid-Schönbein, Gisela Dr. – em. Prof. für Englische Sprache und ihre Didaktik, Univ. Koblenz-Landau, Herausgeberin der Zeitschrift Grundschulmagazin Englisch
Stoll, Ursula – Grundschullehrerin in Hüllhorst/Nordrhein-Westfalen, in der Curriculumentwicklung und Lehrerfortbildung tätig
Todtenhaupt-Duscha, Katja – Lehrerin an einer Grund- und Hauptschule in Braunschweig

Reinhold Christiani
Gabriele Cwik (Hrsg.)

Englisch unterrichten in Klasse 1 und 2

•

Didaktische Grundlagen

•

Methodische Konzepte

•

Beispiele und Hilfen

Cornelsen
SCRIPTOR

Die in diesem Werk angegebenen Internetadressen haben wir überprüft (Redaktionsschluss 30.11.2007). Dennoch können wir nicht ausschließen, dass unter einer solchen Adresse inzwischen ein ganz anderer Inhalt angeboten wird. Deshalb empfehlen wir Ihnen dringend, die Adressen vor der Nutzung im Unterricht selbst noch einmal zu überprüfen.

www.cornelsen.de

Bibliografische Information: Die Deutsche Bibliothek verzeichnet diese Publikation in der Deutschen Nationalbibliografie; detaillierte bibliografische Daten sind im Internet über http://dnb.ddb.de abrufbar.

Dieser Band folgt den Regeln der deutschen Rechtschreibung, die seit August 2006 gelten.

5. 4. 3. 2. 1. Die letzten Ziffern bezeichnen
12 11 10 09 08 Zahl und Jahr der Auflage.

Redaktion: Gabriele Teubner-Nicolai, Berlin
Umschlaggestaltung: Claudia Adam, Darmstadt
Umschlagfoto: Fotobüro Veit Mette, Bielefeld
Layout und Satz: Beate Schubert, Berlin
Druck und Bindearbeiten: Druck Partner Rübelmann GmbH, Hemsbach
Printed in Germany
ISBN: 978-3-589-05128-1

Gedruckt auf säurefreiem Papier,
umweltschonend hergestellt aus chlorfrei gebleichten Faserstoffen.

Inhalt

1 Ziele, Erwartungen und Leistungen

Peter Edelenbos und Angelika Kubanek

Das kleine Extra

Fremdsprachen-Frühbeginn hat sich in einer Zeitspanne von 10–15 Jahren von einer politischen Wunschvorstellung zu einem gut etablierten Unterrichtsfach entwickelt. Die Einführung einer Fremdsprache für alle Kinder in der Grundschule ist eine erstaunliche und faszinierende Leistung. Diese erfolgreiche Innovation ist nicht bei den anfänglichen Prioritäten des Beginns in Klasse 3 stehen geblieben. Bei Englisch verschiebt sich der Beginn in Klasse 1.

Die Argumentation während des Einführungsprozesses in den 90er-Jahren veränderte in den meisten deutschen Bundesländern bereits Vorstellungen und Wahrnehmungen über Englisch in der Grundschule. Die Idee fand Zustimmung, dass es für die linguistische und kommunikative Entwicklung der Kinder besser sei, wenn sie früher mit einer Fremdsprache beginnen würden. So könnte die für das Lernen verfügbare Gesamtzeit verlängert werden, und Kinder könnten die passenden Fertigkeiten zum günstigsten Moment ihres Lebens lernen. Immer stärker wird gewünscht, dass bereits im Kindergarten eine Fremdsprache angeboten wird, und zwar sowohl vonseiten der supranationalen Institutionen wie etwa der Europäischen Kommission, wie auch von Eltern.

In diesem Kapitel geben wir einen Überblick, welche Ziele für das Englischlernen in der Grundschule vorgegeben werden. Sie sind Ausgangspunkt für eine Betrachtung, was Kinder in Klasse 1 und 2 lernen sollen. Nur realistische Erwartungen können uns helfen, ein klares Bild darüber zu gewinnen, was Kinder tatsächlich lernen, womit wir also rechnen können. Die Erwartungen an den Frühbeginn sind hoch, manchmal unrealistisch. Damit die Kinder die Chance haben, ein anderes System von Wörtern, Sätzen, Ausdrücken und soziokulturellen Bedeutungen zu lernen, muss man ihnen Zeit geben. Die Ausweitung hinab in Klasse 1 und 2 könnte gerade dieses kleine Extra sein, das den Ausschlag gibt. Was also können wir von einem Start in Klasse 1 oder 2 realistischerweise erwarten?

Begründung für den Frühbeginn

Französisch, Polnisch, Niederländisch, English, Dänisch, Italienisch: Die Landschaft des Fremdsprachen-Frühbeginns in Deutschland ist recht vielfältig. Jedoch ist für die Mehrheit der deutschen Grundschüler Englisch die erste Fremdsprache, die sie lernen. Die Hauptvorteile von Englisch sind ausführlich bei KLIPPEL (2003) aufgelistet. Sie stellt fest, dass die englische Sprache einen wichtigen Platz in der Kinderwelt hat.

- Überall begegnen ihnen kleine Elemente des Englischen, im Kino, in der Werbung, im Radio, auf Plakatwänden und besonders im Internet. Oft sind sich die Kinder gar nicht bewusst, dass das, was sie hören, lesen oder sagen Englisch ist.
- Das Vorwissen in Englisch ist bei deutschen Kindern größer als das in Dänisch, Französisch oder Holländisch. Deshalb ist der Anfang mit Englisch leichter, denn sogar schüchterne Kinder werden merken, dass sie bereits zahlreiche Wörter und Ausdrücke kennen.
- Ein weiterer Grund für einen Beginn mit Englisch ist, dass man mit einer relativ kleinen Zahl von Wörtern und Strukturen effektiv kommunizieren kann.
- Abgesehen von der Tatsache, dass Englisch der Standard in der internationalen Wirtschaft und in den Naturwissenschaften ist, kann man sagen, dass es zur Zeit die nützlichste und wichtigste Fremdsprache ist. Natürlich werden Mandarin, Kantonesisch und Spanisch von viel mehr Menschen als Muttersprache verwendet.
- Die genannten Begründungen gelten unabhängig davon, ob man in Klasse 1 oder Klasse 3 beginnt. Für den früheren Beginn wird aktuell häufig „die“ Hirnforschung als unterstützende Disziplin herangezogen. Jedoch scheint es richtiger, zu sagen, dass es sich um eine Gemengelage von Motiven und Begründungen handelt: der politische Wille, die allgemeine Meinung über Kinder als gute Lerner von Sprachen, und die massive Forderung nach bestmöglichen Bildungschancen für Kinder in jungem Alter unter Nutzung ihres Potentials.

Ziele für das Fach Englisch

Klippel (2003) zufolge treffen vier Ziele allgemein auf Englisch in der Grundschule zu:

- Die Grundlage für den Erwerb einer hohen Kompetenz in der englischen Sprache schaffen
  Dies ist eine bemerkenswerte und positive Aussage. Frühenglisch soll also dazu führen, dass die Kompetenz höher wird als früher. Wenn schon in Klasse 1 und 2 begonnen wird, steigen die Erwartungen an die Grundschule.
- Die Lernmotivationen der Schülerinnen und Schüler für das Sprachenlernen erhalten
  Kinder haben eine natürliche Neugier und Lernmotivation. Durch Frühenglisch soll diese aufrechterhalten und verstärkt werden.
- Lerntechniken und -strategien für das Fremdsprachenlernen anbieten
  Dieses ist vor allem für die späteren Lernjahre wichtig. Kinder sollten dann hören, wie sie eine Sprache effektiv lernen. Wenn sie einige Techniken kennen, können sie Zeit und Energie sparen, sodass das Lernen leichter wird und mehr Spaß macht.
- Die Begegnung mit englischsprachigen Kulturen themengebunden und umfassend darbieten

Oft sind für jüngere Kinder die Eindrücke, die auf sie wirken, überwältigend. Wenn eine andere Kultur aber kindgerecht, d.h. personalisiert und sehr strukturiert präsentiert wird, kann dies die Imagination der Kinder beflügeln, es kann ein Bild des Anderen entstehen. In Klasse 1 und 2 wird dies besonders durch authentische Bilderbücher geschehen, durch Gäste, die von der Lehrkraft eingeladen werden – und vielleicht auch einmal durch eine Dokumentation auf DVD über den Alltag eines 6–7jährigen englischsprachigen Kindes.

Was Kinder in Klasse 1 und 2 lernen können

Für viele Lehrer ist das Fach Englisch immer noch neu und herausfordernd, besonders wenn sie ihr Wissen über Fortbildungen vertieft haben. Sie lesen ihren Lehrplan und wählen Materialien aus, damit sie schwungvolle Unterrichtsstunden halten können. Wie soll vorgegangen werden?

- Eine positive Lernmotivation erhalten
  Sie ist außerordentlich wichtig. Das umzusetzen gelingt durch die Unterrichtsplanung, sprachliche Fortbildung und pädagogisches Engagement.

- Der Schwerpunkt: beim Verstehen, weniger beim Sprechen

Wenn Eltern zu Hause nachhaken („Was habt ihr denn heute gelernt, sag doch mal?“), werden die Kinder lange Zeit nicht in der Lage sein, frei englische Wörter, geschweige denn ganze Sätze zu sprechen. Der Fokus in der Schule liegt nämlich beim Trainieren des Verstehens und dem Aufbau eines Wortschatzes. Kinder brauchen eine beträchtliche Zeit, um die Wörter aktiv zu benutzen. Sicherlich werden sie ab und zu ein paar Wörter sagen oder auch etwas singen, aber der so sehr ersehnte kreative Sprachgebrauch wird auf sich warten lassen. In Klasse 1 und 2 ist damit nicht als Durchschnittsleistung zu rechnen.

- Hören lernen, das Gehör trainieren

Das macht Kinder sensibler für diejenigen Klänge, die die englische Sprache auszeichnen, sowie Intonation und Prosodie. Außerdem wird bei der Gehörschulung im Sprachenfach ein differenzierterer Musikgeschmack entwickelt und Kinder werden sensibler gegenüber Klängen in der Natur und Lärm in der Klasse (Hagen u.a., 2004). In Klasse 1 oder 2 anfangen hilft also durchaus, eine Basis für eine hohe Kompetenz in der englischen Sprache zu schaffen.

In einem Bereich kann besonders viel erreicht werden:

- Die Aussprache üben

Das ist Ziel in Klasse 1 und 2. Durch den Beginn von Englisch in Klasse 1 sollte es möglich sein, dass Kinder beim Übertritt in die Sekundarschule eine gute Aussprache des Englischen haben. Das wird später ein Gewinn sein, wenn sie in realen Begegnungssituationen sind.

- Inhalte in die Klassen 1 und 2 vorziehen

Einige Inhalte, die bisher in Klasse 3 vermittelt wurden, werden wahrscheinlich in Klasse 1 und 2 vorgezogen. Eine Geschichte wie „The very hungry caterpillar“ kann in Klasse 1, ja sogar im Kindergarten gespielt werden. Sich begrüßen, TPR, Bewegungsspiele, sind in beiden Stufen (1–2 bzw. 3–4) möglich. Gerechnet werden kann gegenüber dem Kindergarten mit einem rascheren Erfassen der Aussprache (da Erstklässler im Fach Deutsch sehr oft auf deutliches Sprechen hingewiesen werden und bei der Alphabetisierung sehr mit Aussprache beschäftigt sind), mit einer gezielteren und längeren Sprachaufmerksamkeit, einem insgesamt rascheren Tempo. Ferner können Zeichnungen und Bildkarten zum Ablauf einer Geschichte bereits genutzt werden. Drittklässler werden gegenüber den Erstklässlern sich Wörter besser merken, sie können das Schriftbild als Lernquelle nutzen, sie werden oft auch Zusatzfragen stellen (z.B. wenn nur *apple, banana* und *orange* besprochen wurden, nachfragen, was denn Birne heißt), und sie werden stärker ihre eigenen Alltagsbeobachtungen zu Englisch einbringen, auch erstes Interesse an Schrift zeigen. Durch die höhere Lerngeschwindigkeit können Übungen öfter wiederholt werden, sodass jedes Kind einzeln öfter „drankommt." In Klasse 1 und 2 wird also besonderes Augenmerk darauf zu richten sein, wie die Förderung jedes einzelnen Kindes erreicht werden kann.

Erwartungen

Gemäß den Untersuchungen in Nordrhein-Westfalen über die Leistungen in Englisch nach zwei Jahren Unterricht in Klasse 3 und 4 (im Druck) lässt sich sagen, dass Kinder bereits eine Anzahl von Fertigkeiten erworben haben. Sie können vertraute, alltägliche Ausdrücke und ganz einfache Sätze verstehen und verwenden, die auf die Befriedigung konkreter Bedürfnisse zielen. Kinder können sich und andere vorstellen und anderen Leuten Fragen zu ihrer Person stellen – z. B. wo sie wohnen, was für Leute sie kennen, welche Hobbys sie haben – und können auf Fragen eine Antwort geben. Sie können sich auf einfache Art verständigen, ggf. mit einzelnen Worten, wenn die Gesprächspartnerinnen oder Gesprächspartner langsam und deutlich sprechen und bereit sind zu helfen.

Erwartungen: Was ist realistisch?

Wenn man früher beginnt und damit die gesamte in der Grundschule zur Verfügung stehende Zeit erhöht, ist die Erwartung ebenfalls höher. Ist sie realistisch? Der Beginn in Klasse 1 erhöht die Gesamtzahl der Stunden maximal um 2x40=80 Stunden. Diese zur Verfügung stehende Zeit wird jedoch nicht immer voll für Unterricht genutzt, noch sind die Kinder jeweils die vollen 45 Minuten bei der Sache. Man kann vielleicht davon ausgehen, dass Kinder am Ende der Klasse 2 Sätze und häufig gebrauchte Ausdrücke verstehen, die mit Bereichen von ganz unmittelbarer Bedeutung zusammenhängen (z.B. Informationen zur Person und zur Familie, Einkaufen, Schule oder Sport). Sich verständigen in einfachen, routinemäßigen Situationen wird noch schwierig sein.

Erwartungen nicht zu hoch stecken

Im Allgemeinen sollte man die Erwartungen für Klasse 1 und 2 nicht so hoch stecken. Kinder lernen dem Englischen zuzuhören und sie üben die Aussprache sowie vertraute, alltägliche Ausdrücke und ganz einfache Sätze. Die Parole sollte für Klasse 1 und 2 sein:

► Geben Sie den Kindern Zeit, das Englische zu erleben, zu üben und Spaß dabei zu haben. Später dann kommen die Erfolge. ◄

Leistungen

Eine höhere Kompetenz in Englisch wird durch den früheren Beginn angestrebt. Die Grundlage für entsprechende Leistungen ist, die Motivation zu erhalten, die Verstehensfertigkeiten und die Aussprache zu üben. Wenn Englisch allen Beteiligten Freude macht, existiert diese Grundlage.

Positive Rückmeldungen

Einige Kinder werden viel sprechen und singen – freilich nicht in Form flüssiger Kommunikation –, für andere kann das Erstangebot wie eine spielerische „silent period" betrachtet werden. Wie viele auch immer sich mündlich beteiligen: Kinder dieses Alters werden die neue Herausforderung Englisch mit einem großen Maß an Energie angehen und sie benötigen positive Rückmeldungen. Jeder Schritt, den sie machen, ist ein Lob wert.

Kleine Tests als Mittel zur Einschätzung des Sprachenwachstums

Die Lehrkräfte möchten, dass der Unterricht Freude bereitet. Zugleich sind sie aber interessiert zu wissen, welche Fortschritte die Kinder tatsächlich machen und sie möchten das auch den Kindern rückmelden. Ohne Aufwand und angstfrei. Kleine Tests sind dafür geeignet, wobei man freilich ein neuartiges Verständnis von Tests zugrunde legen muss. Tests sollten Spaß machen, schnell gehen, viele Rückschlüsse erlauben und bewirken, dass eine sehr gute Abstimmung auf den einzelnen Schüler erfolgen kann.

Im Folgenden geben wir zwei Beispiele, wie man Fertigkeiten von Kindern feststellen kann. Zuerst zeigen wir ein Beispiel für das Erfassen von Wortschatzkenntnissen, das am Ende von Klasse 2 eingesetzt werden kann.

Dabei geht es nicht darum, Wörter abzufragen, sondern es liegt ein vielschichtigeres Vorgehen zugrunde. Erfasst wird, wie Kinder mit Wörtern umgehen (Baustein 1), wie sie Wörter verankern (Baustein 2), wie sie über Wortkenntnis Sprachbewusstsein (Baustein 3) entwickeln.

Baustein 1: Die Anzahl der Wörter, 2 Aufgaben
Aufgabe 1: Selbsteinschätzung

Kennst du das Wort?

1. green	❑ ja	❑ nein
2. superman	❑ ja	❑ nein
3. banana	❑ ja	❑ nein
4. hello	❑ ja	❑ nein
5. baby	❑ ja	❑ nein

...

Aufgabe 2: Gehörtes Wort einem Bild zuordnen
Aus der Liste bereits gehörter Wörter werden nun einige einem Bild zugeordnet. Der Schüler schreibt die Nummer des gehörten Wortes neben das Bild. Dies ist der eigentliche Test. Er ist kurz, um die Aufmerksamkeit zu erhalten. Das beigefügte Bild gehört zu dem Wort *food*.

Baustein 2: Fähigkeit der Kinder, zu erfassen, was ein Wort bedeutet und die Fähigkeit, ein Wort anzuwenden
Aufgabe: Was bedeutet das Wort?

green

- ❑ niemals gehört
- ❑ ich kenne das Wort, aber weiß nicht, was es bedeutet
- ❑ es bedeutet ______________________________
- ❑ ich schreibe einen Satz ____________________________________

Mit den vier Antwortoptionen wird das Kind als Lernender ernst genommen. Es kann sich selbst einschätzen. Die zweite Option ist bei allen Sprachenlernern und auch guten Sprechern, unabhängig vom Alter, nicht selten. Die Übersetzung ist eine Form der mastery, zum Teil können Kinder auf Schriftähnlichkeit setzen, häufig im Englischen nicht. Hier werden Zweitklässler sicherlich vor allem raten, aber ihre „Lösung" erlaubt der Lehrkraft Rückschlüsse, wie sie denken. Mit der vierten Option wird der Differenzierung Rechnung getragen: Es kann sein, dass es Kinder in der 2. Klasse gibt, die mehr Englischkenntnisse haben, oder denen es Spaß macht, etwas zu schreiben, selbst wenn es „offiziell" nicht Teil des Lehrplans ist.

Baustein 3: Wortgrenzen erkennen und Wörter segmentieren
Aufgabe: Versteckte Wörter
z.B.
football: foot/ball/all
superman: super/man

Die Untersuchungen bei der Entwicklung des Tests ergaben, dass nach circa drei Monaten in Klasse 3 ungefähr 85 % von allen Kindern die folgenden Wörter können:
banana, batman, bed, black, blue, book, cat, cheese, end, English, family, football, gone, good morning, green, half, hamburger, hamster, hand, hello, is, love, man, okay, one, run, school, seven, six, sorry, station, superman, t-shirt, taxi, twenty five, twenty four, twenty nine, twenty three, two, yellow.
Da nicht alle diese Wörter in den ersten Englischstunden von Klasse 3 vermittelt werden, handelt es sich also um Vorwissen – d.h. Wissen, das die Kinder schon mitbringen. Somit kann man als Lehrperson feststellen, ob die eigene Klasse am Ende des zweiten Schuljahres schon dieses Repertoire zeigt, oder man kann sich überlegen, was überhaupt die Lernquellen für die englischen Wörter waren: mehr der Unterricht? Mehr das Außerschulische?

Das zweite Beispiel ist eine Feststellung zum Hörverstehen in Klasse 1. Es kann ganz einfach in einem Spiel festgestellt werden.
Bereich: Verständnis von Zahlen
Ein Arbeitsblatt enthält die unausgemalte Zeichnung folgender Dinge: *1 table, 2 dogs, 3 chairs, 4 cats, 5 t-shirts, 6 mice, 7 apples, 8 stars, 9 houses and 10 pens*. Danach sagen Sie zu der Klasse: „Wir machen eine einfache Aufgabe mit Nummern auf Englisch. Ich sage die Anzahl der Dinge und du umkreist die richtige Anzahl. Höre genau zu und versuche die Dinge in den richtigen Farben auszumalen. Hör gut zu, ich fange an mit 3 chairs, 1 table, usw.“

Schon nach einem halben Jahr in Klasse 1 könnte dies für die meisten Kinder möglich und für alle ein Erfolg sein.

Literaturtipps

EDELENBOS, PETER/JOHNSTONE, R./KUBANEK, ANGELIKA (2007): Sprachen für die Kinder Europas. Forschungsveröffentlichungen, gute Praxis & zentrale Prinzipien. Endbericht der Studie EAC 89/04 (Lot 1) für die Europäische Kommission. Website: ec.europa.eu/education/policies/lang/key/studies_en.html, dort auch Links zu den Fassungen in Deutsch und Französisch. Auch über das Sprachenportal der EU europa.eu/languages aufzufinden.

EDELENBOS, PETER/KUBANEK, ANGELIKA (2007): Wortschatztest Englisch in der Grundschule. Teil 1: Klasse 3. München: Langenscheidt English Language Teaching.

HAGEN, M./HEMMER-SCHANZE, C. u.a. (2004): GanzOhrSein. In: Frühes Deutsch, 1–3, 5–10.

KLIPPEL, FRIEDERIKE (2003). Grundschul-Englischunterricht: Begründung – Aufgaben – Umsetzung, SchulVerwaltung NRW 14. Jg., 164–166.

KUBANEK, ANGELIKA/EDELENBOS, PETER (Hrsg.) (2004): Praxis Fremdsprachenlernen in Kindergarten und Schuleingangsstufe. Donauwörth: Auer.

KUBANEK, ANGELIKA (Hrsg.) (2007): Qualität. Themenheft 1/2007 von Frühes Deutsch.

2 Methoden und Medien

Katja Todtenhaupt-Duscha und Michael Duscha

Effektives Fremdsprachenlernen verläuft in vergleichbaren Prozessen wie der Erstspracherwerb: Der Sprachenlerner nimmt die Sprache zunächst nur hörend aus seiner Umgebung auf und verinnerlicht ihren Klang und ihre Struktur. Diese Phase kann bei verschiedenen Lernern unterschiedlich lange dauern; erst wenn größere Sprachsicherheit besteht, beginnt der Lerner zu sprechen (vgl. BLEYHL 2000). Guter Fremdsprachenunterricht ist sich dieser Parallelitäten bewusst und berücksichtigt die Erkenntnisse insbesondere in der Methodik im Anfangsunterricht.

Bei der Auswahl der Methoden und Medien muss man insbesondere dem Alter der Kinder in den Jahrgangsstufen 1 und 2 Rechnung tragen. Noch mehr als in den Klassen 3 und 4 bedeutet dies, dass Unterricht sehr abwechslungsreich gestaltet sein muss. Die Lehrkraft sollte bedenken, dass der fremdsprachliche Anfangsunterricht, in dem die Kinder fast ständig zuhören und hinschauen müssen, besondere Anforderungen an die Konzentration stellt. Daher ist ein häufiger Wechsel der Phasen, Methoden, Sozial- und Arbeitsformen etwa alle 10 Minuten angebracht. Besonders hilfreich für ungestörtes mündliches Arbeiten ist der Sitzkreis, der sich bei einigen Spielen und zum Erzählen von Geschichten anbietet. Manche Spiele und Übungen können nach Einführung auch in Partner- oder Kleingruppenarbeit durchgeführt werden.

Grundsätzlich sollte der Unterricht viel Wiederholung bieten, ganzheitliches und spielbetontes Lernen mit allen Sinnen ermöglichen und viele Varianten der Veranschaulichung bereithalten. Aber auch Rituale und kurze Phasen der körperlichen Entspannung sind von großer Bedeutung.

Nicht zuletzt sind für erfolgreiches Sprachenlernen positive persönliche Beziehungen wichtig. Die Lehrkraft sollte also durch häufiges Lob zu einer entspannten, lockeren Atmosphäre ohne Leistungsdruck beitragen. Bei der emotionalen Sicherheit und Identifizierung hilft den Kindern auch eine Handpuppe.

Jacobs beschreibt in ihren Projekterfahrungen, dass auch Erstklässler in Unterrichtssequenzen von mindestens 30 Minuten konzentriert mitarbeiten können, wenn die genannten Prinzipien berücksichtigt werden: „Erfahrungsgemäß ist ein Unterricht von 30 Minuten notwendig, um besonders für die leistungsschwächeren Schüler längere Wiederholungs- und Übungsphasen in den Unterricht mit aufzunehmen." (Jacobs 2002, 43)

Unterrichtssprache

Die Unterrichtssprache sollte von der ersten Stunde an Englisch sein. Die Schüler müssen längst nicht jedes Wort und jede Struktur verstehen, andererseits muss man im Sinne einer funktionellen Einsprachigkeit aber nicht um jeden Preis an der Fremdsprache festhalten. Bei komplexen Sachverhalten (wie z. B. komplizierten Spielerklärungen) kann der Rückgriff auf das Deutsche sinnvoll sein. Hingegen sind die meisten Kommunikationssituationen im Klassenraum (einfache Unterrichtsanweisungen und Aufforderungen an die Schüler) mithilfe gestischer und mimischer Unterstützung einsprachig in Englisch zu vermitteln. Durch das konsequente Verbleiben in der Fremdsprache lernen die Kinder Wörter und Strukturen unbewusst im Zusammenhang. Dies entspricht dem natürlichen Spracherwerb.

Doch nicht nur in der Unterrichtsorganisation ist der konsequente Fremdsprachengebrauch entscheidend. Selbstverständlich muss auch der „eigentliche" Unterricht fremdsprachlich gehalten werden. Doch welche Methoden bieten sich überhaupt für einen Unterricht an, der darauf ausgelegt ist, den Lernern einerseits eine längere Zeit des stillen Einhörens (*silent period*) zu ermöglichen, andererseits sie aber auch schon zum Sprechen zu ermuntern?

Um den unterschiedlichen Bedürfnissen der Kinder entgegenzukommen, ist es wichtig, die Bereiche Hören und Sprechen zu verzahnen. Der Unterricht sollte so angelegt sein, dass er die Kinder weder zum Sprechen zwingt, noch es ihnen verbietet. Unter Berücksichtigung der *silent period* soll sich jedes Kind gemäß seinen Fähigkeiten einbringen: Texte werden chorisch in der Klasse oder in Gruppen gesprochen und gesungen. Werden dazu passende Bewegungen ausgeführt, können sich auch die Kinder am Unterrichtsgeschehen beteiligen, die noch nicht zum Sprechen bereit sind. Andererseits wird aber auch den anderen Kindern die Möglichkeit gegeben, bereits in Kleinstgruppen oder sogar alleine vor der Klasse zu sprechen.

Lieder, Chants und Reime

Lieder, Chants und Reime bieten sich insbesondere im Anfangsunterricht an, da sie motivierend und kindgerecht in die Aussprache, Intonation und Satzmelodie der Fremdsprache einführen. Ferner sind die meisten nicht nur auditiv, sondern auch visuell und kinästhetisch darstellbar. Weitere Unterstützung erhalten die Kinder dadurch, dass sich die Texte reimen, rhythmisch zu sprechen sind, ein leicht zu merkendes Metrum oder eine eingängige Melodie haben. Keine andere Textsorte kann so umfassend unterstützen. Daher können sich Kinder besonders lange an Lieder, Chants und Reime erinnern. Einmal gelernt, können die Verse auch in anderen Unterrichtsstunden zur Auflockerung beitragen und dem kindlichen Bewegungsdrang entgegenkommen.

Beispielhaft soll der *Traffic-Song* zeigen, wie Richtungsanweisungen ganzheitlich anhand eines Liedes im Unterricht behandelt werden können. Das Lied wird durch Bilder und Bewegungen unterstützt. Mit diesen Bildern können dann weitere Medien wie Arbeitsblätter oder Vokabelkarten hergestellt werden. Durch die Verknüpfung des Textes mit Bewegungen bieten sich vielfältige Spiel- und Übungsmöglichkeiten an (s. S. 23 ff., 27 ff., 33 ff., 38 ff.).

Der Traffic-Song

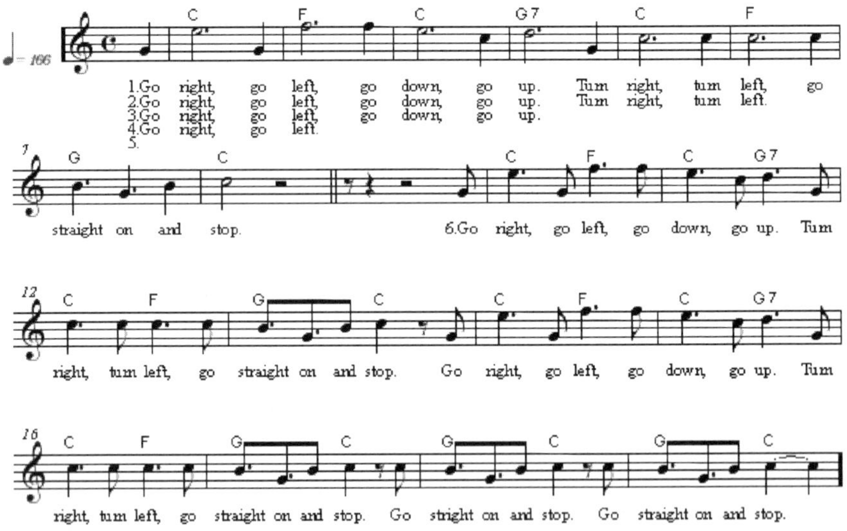

Der erste Teil des Liedes wird fünfmal wiederholt, wobei jedes Mal vom Ende her ein Textteil nicht mehr gesungen wird. Die Bewegungen hingegen werden während des gesamten Liedes ausgeführt. Unterstützt durch die Musik singen die Kinder so den ausgelassenen Text im Geiste mit und „verinnerlichen" ihn dadurch.

Während der ersten fünf Strophen bewegen sich die Kinder insgesamt fünf Schritte nach vorne. In der Pause vor der sechsten Strophe sollten sie ggf. zu ihrem Ausgangspunkt zurückkehren. Die sechste Strophe wird dann im doppelten Tempo gespielt. Die Temposteigerung erhöht die Schwierigkeit und gleichzeitig den Spaß an der Bewegung.

Liedtext	Bild	Bewegung
Go right,		side-step nach rechts
go left,		side-step zurück nach links
go down,		in die Knie gehen
go up.		wieder hinstellen
Turn right,		¼-Drehung nach rechts
turn left,		¼-Drehung zurück nach links
go straight on		Schritt nach vorne
and stop.		Arme ausgestreckt, Handflächen nach vorne

Geschichten

Geschichten sind bei Kindern sehr beliebt und bieten eine wichtige Möglichkeit, Sinnzusammenhänge zu verstehen, ohne jedes Wort zu kennen (*listening for gist*). Diese entscheidende Fähigkeit zur späteren Kommunikation kann anhand von Geschichten besonders gut und motivierend geübt werden. Authentische Geschichten und Bücher vermitteln ebenso wie Reime und Lieder einen Eindruck vom Klang der Sprache und leisten einen Beitrag zum interkulturellen Lernen.

Auch wenn es zunächst zu schwierig erscheint, Lernanfänger mit ganzen Geschichten zu konfrontieren, ist es gerade diese Methode, die alle oben genannten Ansprüche an einen Anfangsunterricht erfüllt. Anhand einer Vielzahl verschiedenartigster Geschichten kann man zahlreiche Themenfelder erarbeiten.

Die folgenden Beispiele sollen zeigen, wie ein ganzheitlicher Umgang mit Geschichten, der Hören, Sprechen und Bewegungen integriert, den Zielvorstellungen des frühen Fremdsprachenlernens gerecht werden kann.

Eine Geschichte von CD hören

Beispiel leicht verändert aus dem neuen Lehrwerk „*Sunshine*" Klasse 1, Cornelsen:

Vorteile:
- Die Schüler lernen anhand eines *native speakers* eine andere Stimme als ausschließlich die der Lehrerin kennen (unterschiedliche Stimmlagen, Aussprache, Intonation usw.).
- Die Geschichte wird stets genau gleich vorgetragen, wodurch sich keine Fehler einschleichen können.
- Die Lehrerin kann während des Vortrags Inhalte gestisch unterstützen, Bilder zeigen oder sich der Beobachtung der Kinder widmen.
- Die Kinder können in Einzelarbeitsphasen die Geschichte über CD-Player und Kopfhörer beliebig oft hören und dazu evtl. ein Bilderbuch betrachten.

Little Red Riding Hood (*LRRH*, Rotkäppchen)
Vorbereitung:
- Einige Schlüsselwörter (*LRRH, big bad wolf, grandma, woodcutter, basket, eyes, ears, teeth*) werden mit Bildkarten von der Lehrkraft vorgestellt; manche Schüler äußern wahrscheinlich Vorerfahrungen.
- Das Märchen *LRRH* wird von CD gehört (von einem *native speaker* vorgetragen).
- Beim Hören werden einige Situationsbilder aus der Geschichte an die Tafel gehängt, im Anschluss bringen die Schüler diese Bildergeschichte in die richtige Reihenfolge. Diese Bilder können auch schon während des Hörens zur visuellen Unterstützung von der Lehrkraft an passenden Stellen gezeigt werden. Ebenso kann die Lehrkraft das Verständnis der Geschichte durch Mimik, Gestik, Pantomime, Tafelzeichnungen oder Aktivitäten der Handpuppe unterstützen.

Folgestunden (Reihenfolge nicht festgelegt):

- Die Schüler erhalten die Bildergeschichte als Arbeitsblatt zum Ausschneiden. Während des Hörens werden die Bilder an passenden Stellen hochgehalten (es kann auch zu zweit gearbeitet werden). Anschließend werden die Bilder in richtiger Reihenfolge aufgeklebt.
- Die Schüler erhalten in Gruppen Bildkarten mit jeweils einem der vier Charaktere *LRRH, wolf, grandma, woodcutter*. Diese Namen werden mehrmals von der Lehrkraft und auch im Chor gesprochen. Beim anschließenden Hören der CD muss jede Gruppe aufstehen bzw. sich wieder hinsetzen, sobald ihr Wort genannt wurde. Dadurch wird das Diskriminieren einzelner bekannter Wörter geschult.
- Die Schüler stellen sich in zwei Gruppen gegenüber auf. Eine Gruppe ist *LRRH*, die andere *the big bad wolf*. Die Lehrkraft spricht nun sehr langsam, betont und gestisch unterstützt den zentralen Dialog:
  Grandma what big EYES (EARS, TEETH) you've got.
  All the better to SEE (HEAR, EAT) you with my dear.
  Die Kinder sprechen nur die Schlüsselwörter, zunehmend vielleicht auch den ganzen Dialog mit und führen ebenfalls passende Gestik aus. Beim anschließenden Hören der CD fallen die Schüler ganz oder teilweise in den Dialog mit ein oder führen einfach nur die Bewegungen aus.
- Die Lehrkraft liest und erzählt die Geschichte sehr langsam und entwickelt mit den Schülern zu zentralen Szenen passende pantomimische Darstellungen. Diese wird mehrfach geübt und dann zur CD ausgeführt. Einige Schüler führen die Pantomime als Minitheater vor.
- Einige Sequenzen der Geschichte werden vertauscht vorgetragen (von CD oder von der Lehrkraft). Die Schüler führen die passende Pantomime in dieser Reihenfolge aus.

Eine Geschichte aus einem authentischen Bilderbuch vortragen

Grundsätzlich eignet sich eine große Menge an Bilderbüchern (vgl. S. 41), die im Gegensatz zum Einsatz in Klasse 3/4 nicht zu viel komplexen Text enthalten sollten. Der Text sollte der Alltagssprache entnommen, kurz und prägnant sein und möglichst sich häufig wiederholende Sätze oder Satzstrukturen aufweisen. Das trägt zum besseren Verständnis bei und regt stark zum Mitsprechen (*chorussing*) an. Im Allgemeinen handelt es sich um Bilderbücher, die für *native speakers* im Vorschulalter geeignet sind. Nicht zuletzt sollte die Lehrkraft bei der Auswahl der Geschichten auch ihre persönlichen Vorlieben beachten, damit echte Begeisterung vermittelt und auf die Schüler übertragen werden kann.

Vorteile:

- Die Lehrkraft kann Sprechtempo, Betonung und Wiederholung der Lerngruppe und der Situation anpassen.
- Ein „echtes" Bilderbuch wirkt sehr motivierend. Besonders reizvoll finden die Kinder Bücher mit „versteckten" Antworten hinter Klappen (*pop-up-books*).
- Die Kinder können das Buch in Pausen selbst in die Hand nehmen und darin blättern.

Praxishinweise zur Bearbeitung von Geschichten (s. auch Hinweise zu *LRRH*):

- Sinnvoll kann eine intensive Vorbereitung der Geschichte sein, z. B. durch vorherige Einführung der Personen, Orte und Namen. Es kann dazu z. B. eine Tafelzeichnung angefertigt werden. Dabei werden wichtige Wörter oder Wendungen mehrfach von der Lehrkraft wiederholt und so das Hörverstehen der Kinder vorentlastet. Auch eine pantomimische Vorentlastung ist denkbar, indem z. B. in der Geschichte vorkommende Tiere mit ihren typischen Bewegungen und Körperteilen mündlich vorgestellt und in Bewegungen umgesetzt werden. Auch das Erraten von Wörtern durch Tafelzeichnungen kann bereits bekannten Wortschatz reaktivieren.
- Die Kinder sprechen während des Hörens Schlüsselsätze der Geschichte laut mit. So können *chunks* (Spracheinheiten) gelernt werden.
- Die Kinder fertigen ein eigenes Mini-Bilderbuch an, das an das Originalbuch angelehnt ist. Freiwillig kann das Buch der Klasse oder einer kleinen Gruppe vorgestellt werden. Dabei kann das Kind schon die englischen Schlüsselsätze der Geschichte benutzen (gut geeignet z. B.: *Dear Zoo/The Very Hungry Caterpillar*).
- Die Kinder werden in Dreiergruppen aufgeteilt. Jede Gruppe stellt eine Person/ein Tier des Buches dar. In ihren Gruppen sprechen die Kinder alle oder einzelne Dialogteile oder die Geräusche ihrer jeweiligen Rolle (mit), während die Lehrerin den Rest der Geschichte vorträgt (gut geeignet z. B.: *Where's Caterpillar?*).
- In Folgestunden werden zuvor eingeführte Tafelbilder zur Geschichte rekonstruiert. Es können sich Sprechanlässe darüber entwickeln, was fehlt oder wer sich wo befindet und was diese Person gerade tut.
- Eine Geschichte (besonders geeignet sind hier Märchen) wird in szenisches Spiel oder Schattenspiel umgesetzt. Die Kinder können sich verkleiden oder Masken aufsetzen. Das unterstützt einerseits ihre Motivation und Kreativität, andererseits hilft das Schlüpfen in andere Rollen beim Abbau von Sprechhemmungen.

- Einzelne Wörter der Geschichte werden isoliert und anhand von Bildkarten, Bewegungen und Spielen geübt und gefestigt. So entsteht aus der Geschichte heraus ein Wortschatz zu einem bestimmten Thema. Weitere Wörter zum Wortfeld können hinzugefügt werden (Beispiele: Wortfeld *Food: The Very Hungry Caterpillar.* Wortfeld *Body: From Head To Toe*).

Visualisierung

Je mehr Kanäle beim Lernen angesprochen werden, desto sicherer und effektiver geschieht die Verankerung von neuen Informationen im Gedächtnis. Bieten sich olfaktorische und gustatorische Reize nur bei wenigen Lerninhalten an, so kann man doch oft neben den akustischen auch kinästhetische und visuelle Zugänge ermöglichen.

Da der Unterricht einsprachig ist und in den Klassenstufen 1/2 die Schrift sich noch nicht in dem Maße einsetzen lässt wie später, erhält die Visualisierung mit Bildern und Bewegung als Verständnishilfe eine zentrale Rolle. Geeignete Medien sind: Tafelbilder, Bildkarten oder *flashcards*, Fotos, Tafelfiguren, die von vielen Lehrwerken angeboten werden, Realgegenstände, Vokabelkarten oder Arbeitsblätter für die Hand der Schüler, Bildwörterbücher, OHP-Folien, Filme, Cliparts oder andere Bilder per Beamer und Diarahmen.

Die Arbeit mit Diarahmen

Eine kostengünstige, haltbare und Platz sparende Möglichkeit, Unterrichtsinhalte zu visualisieren, bietet die Arbeit mit Diarahmen, die auf dem Overheadprojektor verwendet werden. Ähnlich lässt sich mit anderen Medien arbeiten.

Die Idee:
Mit diesen Rahmen werden zentrale Wörter einer Unterrichtseinheit als Bilder und Zeichnungen visualisiert.

Die Herstellung:
Die zu visualisierenden Bilder werden gezeichnet oder farbig auf spezieller Folie für Tintenstrahldrucker ausgedruckt (oder farbig auf Folie kopiert). Dabei ist auf eine Gesamtgröße des Folienstücks von max. 4,5 x 4,5 cm zu achten. Das Bild selbst darf die Größe von 3,5 x 2,3 cm nicht überschreiten und muss entsprechend auf dem Folienstück positioniert sein, damit es im

Rahmen sichtbar ist (s. Zeichnung). Die zugeschnittenen Folienstücke werden in leere Diarahmen (ohne Glas, Fotogeschäft, 200 Stk., ca. € 10,00) eingesetzt. Für thematisch sortierte Aufbewahrung und den Transport bietet sich jede kleine Schachtel mit Deckel an.

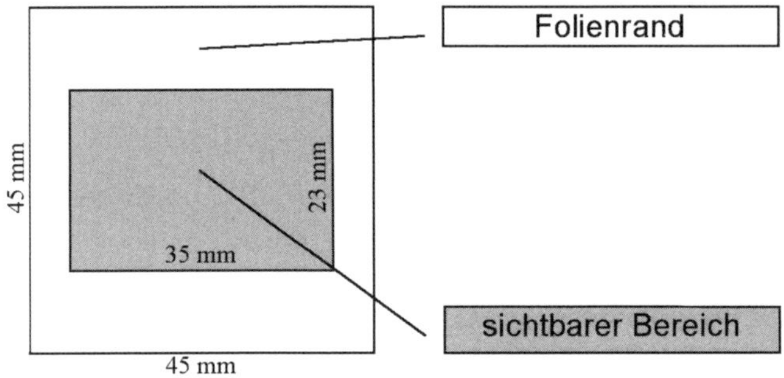

Der Einsatz:
Primär sind die Dias für den Einsatz am OHP vorgesehen. Dort bieten sich z. B. folgende Übungen an:

- Ein Lehrer oder Schüler legt die Dias nacheinander auf den OHP und lässt sie von den Kindern (chorisch) benennen.
- Kim-Spiel: Alle Bilder werden gezeigt, der OHP dann ausgeschaltet. Die Kinder nennen alle Bilder, an die sie sich erinnern können.
- *What's missing*: Alle Bilder sind sichtbar. Der OHP wird ausgeschaltet, ein Bild entfernt und der OHP wieder (kurz) angeschaltet. Welches Bild fehlt?
- Es werden Diapaare gebildet, z. B. Gegensatzpaare (*old-young*), Zuordnungspaare (*knife-fork, frog-pond*), Bild-Schrift-Paare. Von jedem Paar liegt ein Dia auf dem OHP, die anderen Dias liegen daneben. Die Lehrerin legt wahllos ein solches Komplementärdia auf, ein Schüler benennt es, ordnet es korrekt dem entsprechenden Bilddia zu und legt wiederum ein weiteres Komplementärdia auf, welches ein weiterer Schüler zuordnet usw. (Schüler-Kette).
- Anleitende oder begleitende Visualisierung von Übungen wie TPR, *Show-me*-Kette oder Bilderdiktat (s. Übungen, S. 38)
- *Small-talk*-Kette: Ein Dia, mit dem eine Frage verknüpft ist (*What's your name? How old are you? …*), wird vom Lehrer oder einem Schüler auf den OHP gelegt und die entsprechende Frage wird gestellt. Ein Kind beantwortet die Frage und legt ein weiteres Dia unter Nennung der entsprechenden Frage auf.
- *Have You Got …?*, Bingo, Klassenmemory (s. S. 34, 37)

Vorteile

- Durch Ein- und Ausschalten des OHP werden die Bilder schnell und alle gleichzeitig (un-)sichtbar. Das ist an vielen Tafeln nicht oder nur mit Aufwand möglich.
- Kinder können sie gut in die Hand nehmen und für Spiele verwenden. Diarahmen gehen nicht so schnell kaputt und sind in Kinderhand haltbarer als Bildkarten.
- Die Rahmen können Platz sparend aufbewahrt werden.
- Hilfreich für die Lerner sind gleichfarbige Hintergründe zusammengehöriger Bilderpaare oder -gruppen (z. B. alle *farm animals* erhalten einen anderen Hintergrund als *zoo animals* oder *pets*).
- Die Sammlung ist durch Zusatzbilder oder Schriftdias erweiterbar.
- Die Rahmen sind handlich und können daher schnell in eine beliebige Reihenfolge gebracht werden (z. B. um die Reihenfolge in einem Lied anzugeben).
- Auf ihren Plastikrahmen sind die Dias zusätzlich beschriftbar (Zugehörigkeit zu Themengebieten oder zu anderen Dias, Aussprachehinweise, Schriftbild usw.).
- Die gleichen Bilder, wie sie auf den Dias zu sehen sind, können auch als Vokabelbilder für die Schüler ausgedruckt werden.

  Ein entsprechendes Arbeitsblatt könnte folgendermaßen aussehen: Die zentralen Bilder eines Liedes sind in beliebiger Reihenfolge auf dem Blatt abgebildet. Sie werden ausgeschnitten, für diverse Spiele eingesetzt und abschließend auf das Blatt in der Reihenfolge des Textes aufgeklebt. Hier bietet sich zusätzlich eine Selbstkontrolle über Lösungsfolien an. Auf diese Weise haben sich die Kinder eine Erinnerungshilfe für das Lied geschaffen. Es ist auch möglich, die Karten statt auf ein Blatt einzeln auf Karteikarten zu kleben und in eine Vokabelkartei zu übernehmen (vgl. S. 27 f.).

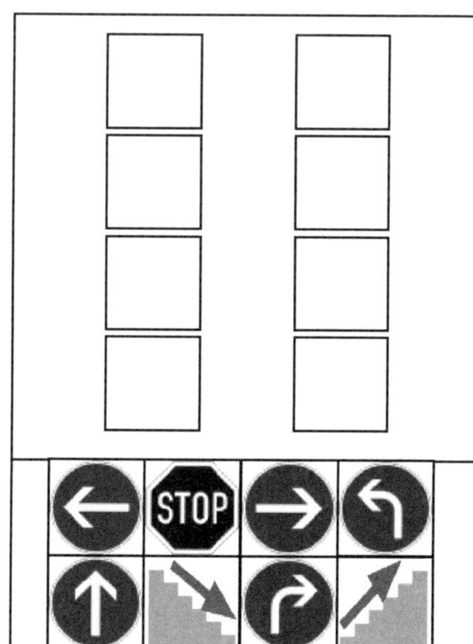

Arbeitsblatt zum Traffic-Song

Möglichkeiten der Visualisierung

Am einfachsten gestaltet sich die Visualisierung von Nomen. Doch auch abstrakte Begriffe und ganze Sätze können in Symbole übersetzt werden. Dabei ist nur wichtig, dass mit einem Bild stets das gleiche Wort, die gleiche Struktur oder der gleiche Satz verknüpft wird. Zur Erstellung eigener *flashcards*, Dias usw. gibt es z.B. im Internet eine Fülle von frei verfügbaren Bildern (*cliparts*). Am einfachsten können diese über Suchmaschinen gefunden werden.

Beispiele für die Visualisierung abstrakter Begriffe und ganzer Sätze:

Verben				
	sing	read	sleep	eat

	sing	read	sleep	eat
Präpositionen	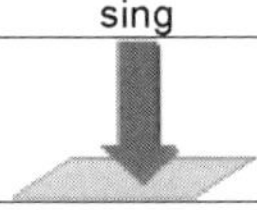		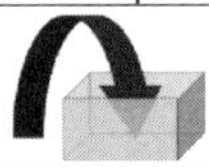	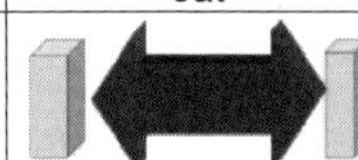
	on	under	in	between

Adjektive				

Fragen	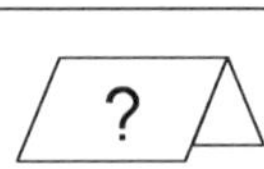			
	What's your name?	How old are you?	How are you?	Where are you from?

Auch Bewegungen stellen eine Art der Visualisierung dar. Kinästhetische Repräsentation von Begriffen unterstützt das Lernen mit allen Sinnen und bietet sich als Antwortmöglichkeit bei Spielen wie z.B. *Be The First* an (s.S. 35 f.). Stellt man Karten oder Dias mit Abbildungen dieser Bewegungen her, eröffnen sich weitere Spielvariationen. Hier sind Bewegungen zu Nomen und Präpositionen abgebildet, aber auch solche zu Adjektiven und Verben sind denkbar.

Nomen				
	apple	pear	cherry	lemon
Präpositionen			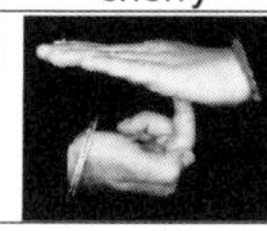	
	in	on	under	between

Vokabelkartei

Mit dem Anlegen und Führen einer Vokabelkartei wird den Kindern eine Arbeitstechnik an die Hand gegeben, die für ihr gesamtes (schulisches) Lernen von Bedeutung ist und die sich bereits in der ersten Klasse (zunächst ohne Schrift) anbietet.

Die Kartei lässt sich leicht während des Unterrichts anlegen und erweitern. Zunächst greift man dabei ausschließlich auf Bilder und Symbole als Visualisierung der zentralen Begriffe des Unterrichts zurück. Die Lerner erhalten diese z. B. auf einem Arbeitsblatt, schneiden sie aus und kleben sie auf festere Karteikarten auf. (200 Karten DIN A8: ca. € 2,00; passender Kasten ca. € 5,00)

Für die zum *Traffic-Song* passenden Vokabelkarten werden die schon bekannten acht zentralen Bilder benutzt (s. S. 19). Die Karten sehen dann so aus (Originalgröße jeder Karte: 76 mm x 52 mm):

Im Gegensatz zum Führen von zweisprachigen Vokabelheften bietet die Karteikartenarbeit eine Reihe von Vorteilen:

- Die Karten lassen sich für eine große Anzahl von motivierenden Spielen verwenden (Bingo, Bilderdiktat, *Show-me*-Kette, *Memory, Have You Got ...?, Be The First*, Quartett usw. (s. S. 33) und bringen so Abwechslung in den Unterricht. Durch Spiele mit Karten benutzen die Kinder Wörter und Sätze im (Spiel-)Kontext und üben sie dabei, ohne sich dessen bewusst zu sein.
- Durch das Einbeziehen der Bilder ist es möglich, die Kartei einsprachig zu führen.

- Schon in ihrer einfachsten Form (nur Bild) ermöglichen die Karten autonomes Lernen, Arbeiten, Spielen und Üben und sind ab der ersten Klasse einsetzbar.
- Zunächst ist ein schriftloser Einsatz möglich. Später können die Karten bei entsprechender Gestaltung problemlos um das Schriftbild erweitert werden (vgl. S. 68 ff.). So können die Karten auch über die Grundschulzeit hinaus verwendet und auf der Rückseite durch weiterführende Informationen wie Wortfelder oder Verbformen ergänzt werden.
- Durch verschiedene Schwierigkeitsstufen bei den Übungen und Spielen mit den Karten ist damit sehr früh eine Differenzierung möglich.
- Die Schüler sind nicht auf die Lehrkraft angewiesen, sondern können die Kartei jederzeit selbsttätig mithilfe eigener Zeichnungen oder Zeitungsausschnitten ihnen bekannter Wörter erweitern.
- Mit der Zeit nimmt die Kartei an Umfang zu. Dabei müssen neue Vokabeln nicht immer am Ende angefügt, sondern können thematisch einsortiert werden. So erlernen die Schüler bereits früh die Arbeit mit Wortfeldern, können selbstständig thematische Umsortierungen vornehmen und vernetzen Informationen in einer selbstbestimmten Weise.

Tipp: Gerade während der Spiele mit Karten, an denen die ganze Klasse teilnimmt (z. B. Bilderdiktat), bietet sich das gleichzeitige Arbeiten mit Dias an. Während des Spiels werden sie vom Lehrer auf den ausgeschalteten OHP gelegt. Zur Lösungskontrolle muss dann nur noch der OHP eingeschaltet werden.

Rituale

Rituale, die sich in jeder Stunde wiederholen, können besonders gut mehrere Funktionen gleichzeitig erfüllen:

- Die Rituale lassen sich ganzheitlich mit Bewegung und Gestik verknüpfen.
- Die Sprache wird nicht in Einzelwörtern, sondern in ganzen Sätzen verwendet und wahrgenommen.
- Durch ständige Wiederholung gewinnen die Schüler große Sicherheit im Verständnis der Sätze und werden somit leicht zum Mitsprechen gelangen.
- *Chunks* werden so intensiv integriert, dass sie auch in anderen Unterrichtssituationen wieder angewendet und übertragen werden können, also zum reproduktiven oder produktiven Sprechen beitragen.

- Die Einzelelemente lassen sich nach einiger Zeit in Inhalt und Reihenfolge variieren. Das macht einerseits großen Spaß, fördert gleichzeitig aber auch Flexibilität im Hören, Sprechen und nonverbalen Reagieren.

Ein Einstiegsritual kann aus mehreren feststehenden Sätzen bestehen. Es kann von der Lehrkraft ganz nach Belieben und Klassensituation frei erdacht sein. Naheliegend ist z. B. eine Reise nach England (vgl. im Lehrwerk *Sunshine*) oder den Körper aufzuwecken, aber im Prinzip eignet sich jeder andere, sich wiederholende Ablauf. Ein Beispiel dafür ist das Ritual *The animals come to school*, bei dem zu Beginn der Unterrichtsstunde verschiedene Tiere begrüßt werden. Diese werden durch Bildkarten oder Kuscheltiere repräsentiert. Sie schlafen in einer Kiste. Holt die Lehrkraft die Kiste hervor, ist dies für die Kinder das Signal, dass das Ritual und damit der Englischunterricht beginnt.

Text	**Bewegung**
The animals come to school. *The lion is very tired.* *Lion, stretch your arm and yawn. Roar!* *And now let's go to school.*	 gähnen strecken & gähnen gehen
The kangaroo is hungry. *Kangaroo, eat your sandwich. MMhhh!* *And now let's hop to school.*	Bauch halten essen & Bauch reiben hüpfen
The frog is having a bath. *Frog, wash your legs. Splish, splash.* *And now let's jump to school.*	Badebewegungen Beine reiben springen
The owl is reading a book. *Owl, pack your schoolbag!* *And now let's fly to school.*	mit Händen Buch andeuten Schultasche packen fliegen
The duck is still asleep. *Duck, open your eyes!* *And now let's waddle to school.*	Kopf auf Händen ruhen lassen Augen aufreißen watscheln
Is everybody here? *Duck? Quack, quack – Lion? Roar –* *Kangaraoo? Hop, hop – Frog? Ribbit, ribbit –* *Owl? Tewhit towhoo – Boys? Yes – Girls?* *Yes* (Alle) *Good morning, everybody!* (Begrüßungslied möglich) *Sit down, please.*	

Mögliche Variationen:

- Erweiterung durch weitere Tierarten oder Reihenfolge der Tiere variieren
- Sehr witzig finden es die Kinder, wenn die den Tieren zugehörigen Aktivitäten und Laute vertauscht werden: *The lion is reading a book. Lion, pack your schoolbag! And now let's fly to school.* Es kann beliebig anspruchsvoll vertauscht werden.
- Das Einstiegsritual kann durch seine Umkehrung auch zum Abschiedsritual werden. *Goodbye owl. Fly back home and read a book.* (usw.)

Der Vorteil dieses Rituals gegenüber anderen besteht darin, dass sich nicht nur die Kinder zu Aufforderungen bewegen sollen, sondern auch selbst die Aufforderungen geben (können), da sie nämlich den Tieren sagen und zeigen, was sie tun sollen. Eine Teilnahme ohne Sprechen ist zwar möglich, die Konzeption dieses Rituals lädt aber besonders schnell zum Mitsprechen ein.

Handpuppe

Die Handpuppe kann zunächst als Gesprächspartner der Lehrkraft eingesetzt werden. So lassen sich beispielhaft Dialoge oder Spielabläufe einführen. Natürlich hat eine Puppe einen so hohen Aufforderungscharakter, dass auch die Kinder mit ihr kommunizieren wollen. Um die Kommunikation zu Beginn zu erleichtern, kann die Handpuppe anfangs ganz leichte Fragen oder Aufforderungen an die Kinder richten:

> *Boys, show me your arms!*
> *Are you a boy?*
> *Is Froggy a dog?*
> *Can you show me the Hokey Cokey?*
> *Please, sing the Traffic Song for me!*
> *I like pizza! And you?*
> *Do you remember all the farm animals? Lions, kangaroos, elephants …*
> (Zeigt falsche Bildkarten) *This is a dog! This is a cat! This is a lion! …*
> *Stand on your chair! Sit on your table!*

Wie die Beispiele zeigen, kann man die Puppe mit viel Humor einsetzen, sie hat im Gegensatz zur Lehrkraft sozusagen „Narrenfreiheit". Bei Spielen, die sehr bald von Schülern geleitet werden können (*Have You Got … ?/Bingo …*), kann sich die Handpuppe als Mitspieler beteiligen.

Ebenso kann sie den Einstieg in eine Geschichte erzählen oder von anderen kleinen Gegebenheiten aus ihrem Leben berichten. Dabei können landeskundliche Inhalte vermittelt werden. Die Kinder werden so zur interkulturellen Begegnung angeregt, denn auch sie können der Puppe von ihrem kulturellen Hintergrund (Feste, Spiele, Essen) berichten (u.U. kann die Lehrkraft für die Kinder übersetzen).

Nach einiger Zeit bietet sich auch die Möglichkeit, dass Schüler freiwillig kleine Gespräche auf Englisch mit der Puppe führen. Dies hat für viele Kinder eine geringere Hemmschwelle als das Sprechen mit der Lehrkraft oder anderen Personen.

Hör-CDs selbst erstellen

Viele Lehrwerke und Themenhefte sind mittlerweile mit Hör-CDs ausgestattet. Hier werden Geschichten erzählt, Lieder gesungen oder die Kinder können die Dialoge ihnen bekannter Lehrwerksfiguren verfolgen. Diese CDs sind eine große Bereicherung des Unterrichts und stellen in vielen Bereichen eine Entlastung der Lehrkraft dar.

Doch nicht immer decken diese CDs den Bedarf, den eine Lehrkraft an sie stellt: Eine bestimmte Weihnachtsgeschichte, die im Unterricht behandelt werden soll, lässt sich nirgends als Hör-CD finden; das Lied, das auf dem Klassenfest vorgeführt werden soll, sollte um zwei Strophen erweitert werden und wird im Original leider viel zu schnell gesungen. (Oft vermisst man auch die Playback-Version eines Liedes.)

Schließlich sind unterrichtsrelevante Hör-CDs für die Hand des Kindes noch sehr rar. Dabei unterstützen gerade diese einen differenzierten, weniger lehrerzentrierten Unterricht: Kinder können sich selbstständig und im selbstbestimmten Tempo (mit beliebig häufigen Wiederholungen) mit einem Thema befassen, eine Geschichte hören (auch außerhalb des Unterrichts), Arbeitsblätter bearbeiten usw.

Selbst erstellte Hör-CDs können also den eigenen Bedürfnissen exakt angepasst werden und besitzen darüber hinaus (insbesondere im Vergleich zur Kassette) noch weitere Vorteile:

- CDs produzieren auch in Kinderhand keinen Bandsalat.
- Ein benötigter Track der CD ist schnell gefunden – es muss nicht lange gespult werden.
- Falls mehrere Exemplare der CD gewünscht sind (zum parallelen Einsatz in der Klasse oder für Kolleginnen), sind CDs schnell und einfach kopiert.

- Die für die Produktion der CD erstellten Audiodateien sind auch auf mp3-Playern einsetzbar.
- Die Dateien können in neuer Reihenfolge auf einer CD oder als mp3 zusammengestellt werden.
- Selbsterstellte CDs sind dann nicht lizenzpflichtig und können bei Bedarf sogar für die Kinder kopiert werden, wenn Gesang, Melodie usw. von ihnen selbst sind. In Schulen mit eigenem Serversystem oder einer eigenen Internetpräsenz können die Dateien (evtl. in einem geschlossenen Benutzerbereich) online zur Verfügung gestellt werden, sodass die Kinder die Möglichkeit haben, die Dateien auch zu Hause zu nutzen.
- Die Lehrerin kann z. B. bei Geschichten das Gesagte während des Hörens durch Zeigen von Bildern, Mimik oder Gestik unterstützen oder auch sich der Schülerbeobachtung widmen. Bei *actionsongs* und *stories* kann sich die Lehrperson auf die auszuführenden Bewegungen konzentrieren.

Die Herstellung eigener CDs ist nicht kompliziert. Bevor wir Ihnen aber eine Anleitung liefern, schlagen wir vor, sich das ganze Verfahren von einer versierten Kollegin oder einer Bekannten zeigen zu lassen.

Im Klassenunterricht
Für diesen Einsatz wird folgendes Material benötigt: CD und CD-Player oder mp3-Player, Kopfhörer, evtl. Doppelkupplungen zum Anschluss zweier Kopfhörer (3,5 mm-Klinken-Doppelkupplung, ca. € 6,00).

- Abspielen von Liedern, Gedichten, Reimen, Geschichten, Chants, Dialogen usw. zur Bereicherung des Unterrichts, als Abwechslung und als Entlastung der Lehrkraft.
- Abspielen von Hörrätseln, bei denen die Kinder bestimmte Geräusche (z. B. Tierstimmen) erkennen und eventuell entsprechende Karten in die richtige Reihenfolge bringen sollen.
- Schließlich können musikalisch versierte Lehrkräfte mit Klavier, Gitarre oder Keyboard mit wenig Aufwand eigene Versionen von Liedern aufnehmen, die in Länge, Tempo, Tonart usw. exakt den eigenen Ansprüchen genügen.

In Einzelarbeits-/Freiarbeitsphasen
Hier haben die Kinder die Möglichkeit, die CDs alleine oder ggf. zu zweit zu hören. Dies gilt auch für das Lernen an Stationen. Je nach Intention der Lehrkraft können die Kinder dazu Aufgaben bearbeiten:
- zu Geschichten Bilder in die richtige Reihenfolge bringen

- nach Anweisung von CD Arbeitsblätter bearbeiten (Bilder zeigen, nummerieren, anmalen, verbinden usw.)
- Wörter, Sätze oder Texte nach- und mitsprechen, Bewegungen dazu ausführen

Zu Hause
Zu Hause können die Kinder Geschichten, Reime und Lieder beliebig oft anhören.

Spiele

Have You Got ...?

Material: Etwas, das die aktuellen Vokabeln darstellt (Vokabelkarten, Dias, Realien ...)

Vorbereitung: Die zu lernenden Wörter werden zunächst gemeinsam wiederholt. Bildkarten werden dabei außen an die geschlossene Tafel gehängt (alle auf einen Flügel), Dias auf den OHP gelegt. Wichtig ist, dass alle Vokabeln vor dem Spiel noch einmal sichtbar und später so abdeckbar sind, dass sie dann nicht mehr gesehen werden können.

Ziel des Spiels: Die Teilnehmer müssen erraten, welches Wort sich der Spielleiter ausgesucht hat.

Spielablauf:
1. Spiel mit Dias: Der Spielleiter nimmt ein Dia in die Hand und verdeckt die restlichen, sodass niemand sehen kann, für welche Vokabel er sich entschieden hat. Die Spieler versuchen mit der Formulierung *Have you got (the apple)?* zu erraten, welches Dia er in der Hand hält.
2. Spiel mit Karten: Die Tafel wird aufgeklappt, sodass die Karten nicht mehr zu sehen sind und der Spielleiter markiert unsichtbar für die anderen Spieler eine der Karten mit einem Kreuz. Ansonsten verläuft das Spiel wie oben.
Das Kind, das richtig geraten hat, ist der neue Spielleiter.

Anmerkung:
Dieses Spiel kann man nach wenigen Durchgängen komplett in Schülerhand geben. Sind die Spielregeln erst einmal bekannt, kann es zu nahezu

jedem Themengebiet gespielt werden und bildet daher einen festen Punkt in jeder Unterrichtseinheit. Den Grad ihrer Aktivität können die Kinder selbst bestimmen und der Übungseffekt ist sehr hoch.

Besonders reizvoll ist es, wenn der Lehrer oder die Lehrerin mitspielt. Wird begleitend zum Englischunterricht eine Handpuppe verwendet, ist es für die Kinder immer ein großes Vergnügen, auch diese am Spiel teilhaben zu lassen.

Bingo (Variation)

Material: Arbeitsblatt mit mindestens 6 Vokabelbildern zum Ausschneiden (besser: 7 – 10), die gleichen Vokabeln als Bild-/Schriftsatz oder Dias, Schere

Vorbereitung: Die Schüler schneiden alle Bilder aus und legen sie vor sich in einer Reihe an die obere Tischkante. Der Tisch sollte frei von anderen Arbeitsmaterialien sein.

Ziel des Spiels: Jedes Kind versucht, als Erstes seine gewählten Karten umgedreht zu haben.

Spielablauf: Der Spielleiter bestimmt die Anzahl der zu wählenden Vokabeln (z. B. 4). Die Kinder ziehen dann von der oberen Tischkante vier Karten ihrer Wahl zu sich in die Mitte des Tisches. Nun beginnt der Spielleiter aus seinem Satz einzelne Karten zu ziehen und laut vorzulesen. Kommt diese genannte Vokabel auch in der Auswahl eines Spielers vor, so darf er die betreffende Karte umdrehen (oder an die untere Tischkante ziehen). Wurden alle vier gewählten Karten genannt, ruft der entsprechende Schüler *Bingo!*.

Das Kind, das zuerst *Bingo!* ruft, hat gewonnen (bekommt evtl. ein Gummibärchen ...), und ist der nächste Spielleiter.

Variation: Zu Beginn des Spiels ist es sinnvoll, die gezogenen Karten/Dias nach dem Vorlesen auch zu zeigen (an die Tafel zu heften bzw. auf den OHP zu legen). Gerade bei neuen Vokabeln empfiehlt sich dieses Vorgehen. Später, wenn davon ausgegangen werden kann, dass kein Kind einen Nachteil erleidet, sollte dieser Schritt ausgelassen werden. Trotzdem sollten dann die gezogenen und genannten Karten für die Dauer einer Runde separat gelegt werden, damit bei evtl. Streitigkeiten eine Überprüfung möglich wäre. (Erfahrungsgemäß kommt dies jedoch nicht vor.)

Zur Variation der Schwierigkeit und der Dauer des Spiels kann die Anzahl der von den Spielern zu ziehenden Karten variiert werden. (Regelfall bei 8 zur Verfügung stehenden Karten ist die Auswahl von 3–5.)

Dieses Spiel kann nach sehr kurzer Zeit komplett in Schülerhand gegeben werden.

Be The First

Material: je nach Spielkontext Bild-/Schriftkarten oder auch keines

Vorbereitung: Die Kinder stellen sich in 2 bis 4 Reihen mit dem Gesicht zur Tafel auf.

Sitzen die Kinder in Tischgruppen, ist es auch möglich, dass von jeder Gruppe der Reihe nach jeweils ein Kind aufsteht.

Ziel des Spiels: Jede erste richtige Antwort wird mit einem Punkt belohnt. Am Ende hat die Gruppe mit den meisten Punkten gewonnen.

Spielablauf: Der Spielleiter stellt eine Aufgabe, deren Charakter vom Unterrichtsgegenstand abhängt. Dieses Spiel kann mit vielen unterschiedlichen Aufgabentypen gespielt werden (z. B. Lippenlesen, Charade, Flashcards, Wortergänzungen, ...).

Die Antworten auf diese Fragen dürfen die jeweils vorne stehenden Kinder hineinrufen oder durch Bewegungen oder Bilder zeigen (hier ist Differenzierung möglich). Die Gruppe, deren Spielerin oder Spieler zuerst die richtige Antwort gab, erhält einen Punkt. Die Punkte werden an der Tafel notiert. Antwortet ein Kind falsch, hat dies keine Konsequenzen. Sollte jemand vorsagen, der nicht an der Reihe ist, bekommt die entsprechende Gruppe einen Minuspunkt. Sollte keines der Kinder die Antwort wissen, wird die Runde nach einer gewissen Zeit beendet.

Nach jeder Runde (also nach jeder Frage) stellen sich alle Kinder, die vorne an der Tafel standen, wieder hinten an ihre Gruppe an, egal ob sie eine Antwort gegeben haben oder nicht. (Bei gleichgroßen Gruppen spielen also immer die gleichen Kinder gegeneinander.)

Anmerkung: Dieses Spiel muss ein paar Mal ausprobiert werden, bis man die optimale Gruppengröße herausgefunden hat. Mehr als vier Gruppen zu bilden, ist jedoch nicht empfehlenswert. Sollten die Gruppen unterschiedliche Spielerzahlen haben, ist dies nicht schlimm. Dadurch werden die jeweiligen Gegner in jeder Runde gemischt, was sehr vorteilhaft sein kann.

Zur Punktvergabe: Der Spielleiter entscheidet, welche Gruppe einen Punkt erhält und er sollte sich nie auf Diskussionen einlassen. Ab und zu kommt es vor, dass mehrere Spielerinnen und Spieler die richtige Antwort gleichzeitig geben. In diesem Fall wird jeder entsprechenden Gruppe ein Punkt zuerkannt.

Die Leitung dieses Spiels in Schülerhand zu geben ist nicht empfehlenswert.

Humpty Dumpty

Material: keines

Vorbereitung: Die Kinder bilden einen Sitzkreis mit einem Stuhl weniger, als es Mitspieler sind.

Ziel des Spiels: Jedes Kind versucht, am Ende einer Runde einen Sitzplatz zu haben.

Spielablauf: Kind A verlässt den Raum und ein Kind B wird dann als *Humpty Dumpty* bestimmt. Kind A betritt wieder den Raum und beginnt, den Anwesenden der Reihe nach Fragen oder Aufgaben zu stellen. Das angesprochene Kind beantwortet die Frage bzw. reagiert mit der entsprechenden Bewegung. Stellt Kind A seine Frage an Kind B, so antwortet dieses mit den Worten *Humpty Dumpty*. Dies ist das Zeichen für alle (auch für Kind A), sich einen neuen Platz zu suchen. Das Kind, das am Ende keinen Sitzplatz bekommen hat, geht als neues Kind A kurz vor die Tür, während ein neuer *Humpty Dumpty* bestimmt wird und das Spiel beginnt von vorne.

Kim-Spiel

Material: OHP (empfohlen) oder Tafel, Folie oder Dias (empfohlen) oder Tafelzeichnungen

Vorbereitung: keine

Ziel des Spiels: Die Kinder müssen sich die gezeigten Vokabeln gut einprägen, um anschließend eine möglichst korrekte Aufzählung geben zu können. Jede passende Äußerung bedeutet dabei einen Punkt.
Spielablauf: Die Vokabeln sind für eine begrenzte Zeit sichtbar, anschließend werden sie verdeckt. Die Klasse ist in zwei (oder mehr) Gruppen ein-

geteilt und die Gruppen dürfen abwechselnd Vokabeln nennen. Jede richtige Nennung bedeutet einen Punkt für die Mannschaft – jede falsche oder doppelte Nennung bedeutet Punktabzug.

Memory

Material: schülereigene Bildkarten

Vorbereitung: Die Kinder schneiden aus einem entsprechenden Arbeitsblatt Vokabelkarten aus, bzw. spielen mit bereits angefertigten Karten aus ihrer Vokabelkartei.

Ziel des Spiels: Es müssen immer zwei zusammengehörige Karten gefunden werden. Wer am Ende die meisten Karten hat, gewinnt.

Spielablauf: Memory wird vorzugsweise in Partnerarbeit gespielt (Gruppenarbeit ist aber möglich; s. u.). Nachdem die Kinder die Bildkarten ausgeschnitten haben, legen sie ihre Karten zusammen, sodass von jedem Bild zwei Karten vorhanden sind. Die Karten werden mit den Bildern nach unten auf den Tisch gelegt und gemischt. Kind A dreht nun eine Karte um, benennt sie laut, dreht eine zweite Karte um und benennt auch diese. Handelt es sich um die gleichen Karten, darf Kind A sie behalten und ist erneut an der Reihe. Sind es zwei unterschiedliche, werden sie wieder umgedreht und Kind B ist dran. Es wird so lange gespielt, bis alle Karten aufgedeckt wurden.

Das Spiel kann auch in Gruppen gespielt werden. Dazu liefern i. d. R. trotzdem nur zwei Kinder die benötigten Spielkarten. Als reizvolle Variante ist es möglich, dass größere Gruppen (ab vier Kindern) auch mit vier Kartensätzen spielen – wobei sie trotzdem nur zwei zusammengehörige Karten finden müssen.

Sind die Vokabeln als Dias vorhanden, bietet sich Memory auch als Klassenspiel an: Dazu wird eine DIN-A4-Folie präpariert: Einteilung in gleich große Felder, links und oben eine schmale Spalte, in der Koordinaten vermerkt sind. Das können Buchstaben und Zahlen, aber auch einfache Symbole sein. Diese Folie wird auf den OHP gelegt. Auf jedes leere Feld wird ein Dia ge-legt, das mit einem Pappkärtchen der gleichen Größe abgedeckt wird. Die Kinder nennen nun die Koordinaten von zwei Feldern, deren zugehörige Dias vom Lehrer aufgedeckt werden. Passen die Dias zusammen, erhält das Kind oder seine Gruppe einen Punkt. Passen sie nicht, wird das Paar wieder verdeckt und das nächste Kind bzw. eine andere Gruppe ist an der Reihe.

Übungen

Show me-Kette

Material: je nach Gegenstand der Übung Vokabelkarten, Realien oder auch keines

Vorbereitung: Die Kinder breiten benötigte Materialien vor sich aus.

Ablauf: Die Lehrerin fordert ein Kind auf: *Show me (the ruler)*. Das angesprochene Kind hält die entsprechende Karte/den entsprechenden Gegenstand hoch. Fortgeschrittene Schülerinnen und Schüler können dies mit dem begleitenden Satz *This is (the ruler)* tun. Nun ist das eben angesprochene Kind dran, ein anderes Kind aufzufordern, ihm eine bestimmte Sache oder auch Bewegung zu zeigen. So setzt sich die Kette durch die Klasse fort.

Lippenlesen

Dies ist eine Übung, die Ruhe in den Unterricht bringt und speziell unruhige Schüler zur Konzentration anregt.

Material: keines

Vorbereitung: Die Kinder agieren (evtl. stehend) vom Platz aus.

Ablauf: Die Lehrkraft formt Wörter mit den Lippen, spricht sie aber nicht laut aus. Die Kinder müssen das Wort oder den Satz erkennen und entsprechend reagieren: Entweder sie melden sich und nennen das Wort laut oder – wenn es sich um Wörter handelt, zu denen Bewegungen bekannt sind – sie führen die entsprechende Bewegung aus. Als „stummes Sprechen“ können auch Reime auf diese Weise aufgesagt werden. Die Schüler müssen herausfinden, an welcher Stelle gestoppt wurde.

Einzelgespräche

Material: liegt jeweils vor (Karten, Realien, ...)

Vorbereitung: Die Gespräche finden immer in Einzel-/Partnerarbeitsphasen statt.

Ablauf: Während die Kinder beschäftigt sind (meist mit dem Ausschneiden, Anmalen und Aufkleben von Karten), geht die Lehrerin zu jedem Kind und stellt ihm Fragen bzw. Aufgaben. Je nach Leistungsstand des Kindes kann dabei der Schwierigkeitsgrad variieren. Es kann nach einzelnen Vokabeln, Vokabelkombinationen, Bewegungen, Größe, Farbe, Anzahl von Gegenständen usw. gefragt werden.

Die Reaktion der Kinder sollen dabei ihrem Leistungsstand angemessen eingefordert werden:

- Zeigen auf ein bestimmtes Bild
- Vollziehen von Bewegungen
- Antwort in Ein-Wort-Sätzen
- Antwort im ganzen Satz
- Antwort ohne Zuhilfenahme von Bildern

steigender Schwierigkeitsgrad

TPR (Total Physical Response)

Material: Bildkarten, Dias oder auch keines

Vorbereitung: Die Kinder agieren (evtl. stehend) vom Platz aus.

Ablauf: TPR konzentriert sich auf die Schulung des Hörverstehens. Die von der Lehrerin auf Englisch gegebenen Anweisungen werden von den Kindern ausgeführt, ohne dass diese selber sprechen. Der Übungsverlauf kann unterschiedliche Gestalt annehmen. Je nach Hilfebedarf der Kinder kann die Lehrerin

- das Wort/den Satz vorsprechen und dabei die Bewegung mitmachen.
- erst das Wort/den Satz vorsprechen und dann die Bewegung mitmachen.
- das Wort/den Satz vorsprechen.
- auf entsprechende Bilder zeigen (damit die Bewegung auch mit dem Bild verknüpft wird).
- Wörter und Sätze im Stil der Übung „Lippenlesen" sprechen.

Bilderdiktat

Material: Vokabelkarten

Vorbereitung: Die Kinder legen die Karten gut sichtbar vor sich auf den Tisch.

Ablauf: Die Lehrerin nennt die aktuellen Vokabeln in einer beliebigen Reihenfolge; die Kinder bringen die Bildkarten in ebendiese Ordnung. Am Ende nennt ein Kind/eine Gruppe/die ganze Klasse die Reihenfolge zur Kontrolle laut. Die Lehrkraft macht Sichtkontrollen oder präsentiert die Lösung visuell (z. B. mit Dias am OHP).

Mit zunehmender Sprachsicherheit kann man die Rolle des Übungsleiters an die Schüler abgeben.

Can you hop like .../Can you show me ...?

Material: Vokabelkarten

Vorbereitung: Ausgewähltes Vokabular aus der Vokabelkartei heraussuchen

Ablauf: Die Kinder benutzen ihre Vokabelkartei in Partnerarbeit. Ein Schüler zieht eine Tierkarte und fragt passend dazu: *Can you jump like a frog?* Der andere Schüler antwortet: *Yes, I can/No, I can't* und führt die Bewegung ggf. aus. (Übung angelehnt an Jacobs 2002, 54)

Diese Übung lässt sich aber auch mit allen anderen Vokabelkarten durchführen, indem der erste Schüler zu einem beliebigen Wort die Frage stellt: *Can you show me the apple?* Der andere antwortet mit *Yes, I can* und führt die Bewegung dazu aus. Kennt er sie nicht oder wurde keine gelernt, antwortet er *No, I can't.*

Literaturtipps

Der niedersächsische Bildungsserver hält zum Thema Fremdsprachenlernen in der Grundschule (FLIGS) umfangreiche theoretische und praktische Kursmaterialien bereit, die ohne Nachfrage und kostenlos für den eigenen Unterricht verwendet werden dürfen: http://fligs.nibis.de (FLIGS-Kursmaterialien)

Bleyhl, Werner (Hrsg.) (2000): Fremdsprachen in der Grundschule. Grundlagen und Praxisbeispiele. Hannover: Schroedel

Jacobs, Edith (2002): Englisch ab Klasse 1 – Tor zu einer anderen Welt. In: Legutke, M./Lortz, W. (Hrsg.) (2002): Englisch ab Klasse 1. Das hessische Merry-Go-Round-Projekt. Analysen und Berichte. Berlin: Cornelsen

Unterrichtssprache

SCHULTZ-STEINBACH, GISELA/RÖNNFELDT, ANDREA/CHAPMAN, PAUL (2002): Look it up! Classroom phrases, copymasters and CD-ROM. Die Hilfe für den einsprachigen Englischunterricht in der Grundschule. Hannover: Schroedel

PUCHTA, HERBERT/MUELLER-CARON, AMY (2001): Primary Classroom English. Ausdrücke und Phrasen für den Englischunterricht in der Grundschule. Leipzig: Klett

Lieder, Chants und Reime

Die folgenden beiden Hefte bieten eine Sammlung traditioneller und selbstverfasster Lieder und Reime, die gut für die Altersstufe der 6–8-Jährigen geeignet ist. Jeder Text ist anschaulich bebildert, im Lehrerkommentar werden Erklärungen und Anregungen zur Weiterarbeit gegeben. Zu den Heften gehört eine CD.

BECKER, KATJA/KREIS, RENATE (2003): Songs, Rhymes and Poems. Materialien für das Englischlernen in der Grundschule. Pets and other Animals. Hannover Schroedel

KREIS, RENATE/SCHULTZ, CHRISTL (2001): Songs, Rhymes and Poems. Materialien für das Englischlernen in der Grundschule. Seasons and Festivals. Hannover Schroedel

Siehe auch unter http://fligs.nibis.de.

Geschichten

Eine umfassende Einführung mit vielen Geschichten und praktischen Tipps:

BLEYHL, WERNER (Hrsg.) (2002): Fremdsprachen in der Grundschule. Geschichten erzählen im Anfangsunterricht. Storytelling. Hannover: Schroedel

Im Lehrwerk Sunshine. Early Start Edition, Berlin: Cornelsen für Klasse 1/2 basieren alle Einheiten auf Märchen. Hier finden sich umfangreiche Anregungen zur Arbeit mit traditionellen Kindergeschichten. Das neue Lehrwerk erscheint ab Februar 2008.

Authentische Kinderbücher:

CARLE, ERIC: Brown Bear, Brown Bear, What Do You See? Puffin Books 1984

CARLE, ERIC: The Very Hungry Caterpillar. Puffin Books 1970

CARLE, ERIC: From Head to Toe. Harper Trophy 1999

CHRISTELOW, EILEEN: Five little monkeys jumping on the bed. Clarion Books 1989

CAMPBELL, ROD: Dear Zoo. Puffin Books 1984

GODWIN, SARAH & BATCHELOR, LOUISE: Where's Caterpillar? Frances Lincoln 1995

HILL, ERIC: Spot goes to school. Puffin Books 1984 (und weitere Bücher aus der „*Spot*"-Reihe)

LONDON, JONATHON: Froggy gets dressed. Puffin Books 1992

London, Jonathon: Froggy's first kiss. Puffin Books 1998 (und weitere Bücher aus der „*Froggy*"-Reihe)
Nicoll, Helen: Meg & Mog. Penguin Books 1972
Rosen, Michael & Langley, Jonathan: Snore! Collins Picture Books 2003

Hör-CDs

Eine empfehlenswerte Internet-Suchmaschine für eine Fülle von Geräuschen und Tierstimmen ist www.findsounds.com.

Das Audioprogramm audacity (zur Herstellung der eigenen CD) lässt sich finden bei http://fligs.nibis.de oder http://audacity.sourceforge.net.

3 Das Zuhören im Fremdsprachenunterricht

Werner Kieweg

Das Zuhören als eine bedeutsame Fertigkeit

Von den fünf Fertigkeitsbereichen (den sog. *skills*) Hören, Sprechen, Lesen, Schreiben und Sprachmitteln spielt das Zuhören eine herausragende Rolle. Während das „Hören“ den unbewusst aktiven psychischen Fähigkeiten zugeordnet wird (Hören von Geräuschen, Stimmen, etc.), ist das Zuhören (in der traditionellen Didaktik als „Hörverstehen“ bezeichnet) bewusst aufmerksamkeitsgeleitet, verstehens- und interpretationsorientiert. Die Fähigkeit zur Entschlüsselung der gesprochenen Sprache ist ein umfangreicher Aufgabenbereich im Fremdsprachenunterricht, der vor allem in der Grundschule konzeptionell und strategisch wohlüberlegt zu gestalten ist. Das „Zuhören“ bzw. „Zuhören-und-Verstehen-Können“ ist gleichsam die Basis für das Zurechtfinden in einer fremdsprachlichen Kultur. Im schulischen Kontext ist das Zuhören die grundlegendste Fertigkeit, auf die jegliches fremdsprachliche Lernen aufbaut.

Das Zuhören als komplexer mentaler Prozess

Über viele Jahre hinweg galt das Zuhören als etwas Passives oder Rezeptives und wurde in der Literatur als *receptive skill* bezeichnet. Heute wird es als ein Bündel von linguistischen und paralinguistischen Teilfertigkeiten definiert, mit deren Hilfe ein Zuhörer die Äußerung eines Sprechers dekodiert. Das komplizierte Zusammenspiel der auditorischen Komponente (Wahrnehmung der Schallwellen), der phonologischen Komponente (phonetische Repräsentation eines Wortes im mentalen Lexikon), der morphogrammatischen und syntaktischen Komponente (Wortbildungsregelhaftigkeiten und Wortstellung im Satz) sowie der semantischen Komponente (kontextabhängiges Erkennen der Bedeutung) kann kurzfristig nicht erlernt werden und bedarf der umfangreichen Übung. Dies geschieht in isolierter und integrierter Form des Verstehens und Anwendens:

- Lautdiskriminierungsfähigkeit, z. B. *cut* vs. *cat*
- Fähigkeit zur Segmentierung des Lautstroms eines Sprechers zur Feststellung von Wortgrenzen, z. B. *Whatareyoudoingthere?* = *What are you doing there?*
- Fähigkeit zum Erkennen der Gesamtbedeutung einer umfangreicheren Aussage
- Fähigkeit zum Erkennen von Bedeutungseinheiten, z. B. *I've got a cat.* = *I've got (chunk 1) und a cat (chunk 2).*
- Fähigkeit zum Erkennen und zur Interpretation der paralinguistischen Merkmale, z. B. Intonation, Betonung, Prosodie, Lautstärke, Stimmhöhe und Sprechgeschwindigkeit
- Fähigkeit zur Interpretation von nicht-sprachlichen Zeichen, z. B. Mimik, Gestik, Körpersprache
- Fähigkeit zur Interpretation des Gehörten auf der Basis des individuellen Weltwissens, z. B. Was weiß ich bereits über die angesprochene Thematik und was ist neu?
- Fähigkeit zur Vollendung unvollständiger Sätze *(listening ahead)*, z. B. *I've got two sisters and three ... (brothers).*
- Die Fähigkeit, Bedeutung aus der gesprochenen Sprache zu gewinnen, ist hochgradig multifaktoriell bedingt und umfasst alle sprachlichen und sprachbegleitenden Parameter einer Gesprächssituation einschließlich der gegenständlichen Handlungsabläufe.

Grundschulspezifische Prinzipien für das Zuhörenlernen

Der Fremdsprachenunterricht der Grundschule hat seine Eigenständigkeit und darf keinesfalls als eine erfreuliche propädeutische Vorleistung für den („ernsthaft betriebenen") Fremdsprachenunterricht in der Sekundarstufe I gesehen werden. Für die Entwicklung der Zuhörfähigkeit müssen die folgenden Prinzipien beachtet werden.

► 1: Die Zuhörfähigkeit beginnt und entwickelt sich mit der Lehrkraft-Schüler-Interaktion im Unterricht (*face-to-face-interaction*). ◄

Im Sinne des episodischen Lernens erkennen die Schüler die Mitteilungsabsicht einer sprachlichen Äußerung in einem Handlungskontinuum, z. B. in einem beliebten Spiel:

The Flowerpot Game

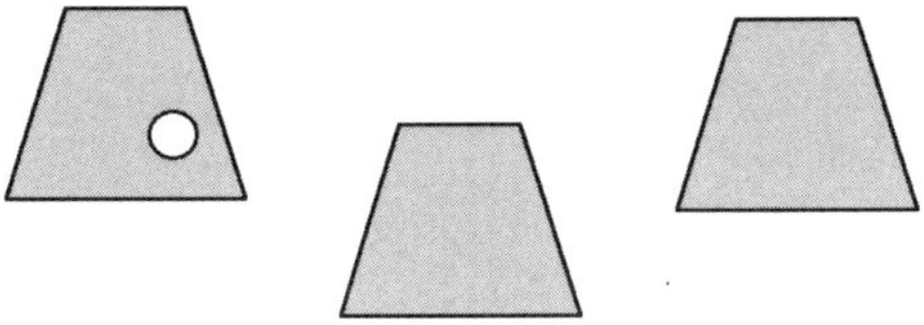

Die Kinder müssen raten, unter welchem Blumentopf (Plastik) sich ein Tischtennisball befindet, nachdem die Blumentöpfe in verwirrender Weise verschoben wurden.
Lehrkraft: *Let's play the flowerpot game. Look here. I hide the ball under one of the flowerpots. And then I move them around quickly. You have to guess where the ball is. Are you ready? Okay! Where's the ball?*
Nach einigen Versuchen haben die Kinder keine Probleme, die Spielanweisungen zu verstehen, was sich oftmals im spontan geäußerten Wunsch, selbst die Rolle des Spielleiters zu übernehmen, äußert: *Where's the ball now, Susanne?*

► 2: Jede Zuhöraufgabe muss sinnvoll und lustbetont sein. ◄

Aufgaben, die nicht authentisch sind und auch keine lohnenden Hörergebnisse anbieten, sind nicht grundschulgerecht. Abwechslungsreiche Verstehensaktivitäten stehen immer im Vordergrund, z. B.

Picture Dictation

Lehrkraft verteilt ein Arbeitsblatt, auf welchem der Rumpf eines Monsters zu sehen ist. Sie teilt dann den Kindern mit, wie das Monster tatsächlich ausschaut. Die zuhörenden Kinder bekunden ihr Textverstehen durch das Einzeichnen und Ausmalen der entsprechenden Körperteile.
Lehrperson: *This is the body of a dangerous monster. It's got a long neck. It's got four eyes. One of them is green. The monster has got a wide mouth. And two long teeth. And it's got wings. Two large wings. Etc.*

Am Schluss wird eine Folie auf den OHP gelegt, die das Monster im fertigen Zustand zeigt. Die Kinder vergleichen ihre Zeichnungen mit dem Original und erfahren dabei die Höhe ihrer Verstehensleistungen.

► 3: Jede Zuhöraufgabe soll das genaue Hinhören schulen. ◄

Leider können viele Kinder nicht mehr genau zuhören. Es geht nicht primär um das Global- oder Grobverstehen, sondern eher um Details zur bewussten Aufmerksamkeitsschulung von Anfang an. Wenn die vierstufige theoretische Progression in der Fertigkeitsentwicklung auch mit dem Globalverstehen und Grobverstehen beginnt, muss das Detailverstehen immer im Zentrum der erstrebenswerten Fähigkeiten und Fertigkeiten stehen, ohne die Lernenden zu überfordern. Die vierte Stufe des *full understanding* muss i. d. R. ohnehin nicht erreicht werden. Erfahrungsgemäß befriedigt ein „In-etwa-Verstehen" die Kinder keinesfalls und führt unweigerlich zu einer oberflächlichen Auffassung von Lernaufgaben und zu einem fluktuativen Spielverhalten.

Who's Mr Brown?

Die Kinder bekommen ein Arbeitsblatt, auf dem drei Personen abgebildet sind, die sich nur geringfügig unterscheiden. Es folgt nun eine Personenbeschreibung, die nur auf eine Person zutrifft.
Lehrperson: *Which of them is Mr Brown? He's tall. He always wears a tie. He's always well-dressed. He's got dark hair.*

► 4: Alle Hörverstehensaufgaben unterliegen der transparenten Darstellung einer Hörsituation. ◄

Die Lernenden müssen beispielsweise jederzeit erkennen können, wer auf einer Hörverstehens-CD mit wem über was, wann und wo, aus welchem Anlass und mit welcher Absicht spricht. Ferner ist das entwicklungsstufenspezifische Erfahrungs- bzw. Weltwissen der Lernenden exakt zu beachten. In der Vorphase der eigentlichen Verstehensanstrengungen müssen die Grundschulkinder dazu alle nötigen Informationen bekommen. Dies geschieht meist durch die Bilder(folgen), die den Hörtext begleiten. Sie erleichtern den Verstehensprozess wesentlich und lassen eine motivierende Hörerwartung zu. Als äußerst motivierend haben sich allerdings auch die Höraufgaben erwiesen, wobei die Kinder von den präsentierten Dialogen ohne jegliche Dekodierhilfen auf die Gesprächssituation schließen müssen, z.B. Finde heraus, wo man die folgenden Sätze hören kann:
Take the sponge and clean the board, please. Oder für fortgeschrittene Lerner: *Flight LH 2333 to London is now ready for boarding.*

► 5: Die Lautdiskriminierungstüchtigkeit beginnt mit der Wahrnehmung der Unterschiedlichkeit zu den muttersprachlichen Lauten. ◄

Mit 49 Lautzeichen (25 Konsonanten, 12 Monophthonge, 8 Diphthonge und 5 Triphthonge) kann man die englische Lautvielfalt beschreiben. Die Wahrnehmung der Unterschiedlichkeit ist die absolute Voraussetzung für eine zufriedenstellende Aussprache. Die in der Literatur zum Grundschulunterricht oftmals hochgelobte und gepriesene Imitationsfähigkeit der Grundschüler als Indiz für einen mühelosen Fremdsprachenerwerb zeigt sich in der Praxis leider nicht überall. Unbewusste und automatisierte Lernprozesse bleiben häufig Wunschdenken und müssen durch kognitive Hinweise ergänzt werden, zumal ansonsten die nötige Sensibilisierung (*language awareness*) für das fremdsprachliche Phonemsystem ausbleibt.

► 6: Die Zuhöraufgaben müssen vorentlastet und die Kinder darauf eingestimmt werden. ◄

Hierzu eignet sich eine Fülle an sog. *pre-listening activities*, mit deren Hilfe man die Lernenden auf ein Hörerlebnis einstimmt. Es sind zunächst die Entspannungstechniken zu nennen, z. B. *Close your eyes. Put your hands on the table, one on top of the other. Let your forehead rest on your hands. Listen.*
Just listen.

Ferner eignen sich die Analyse der den Hörtext begleitenden Geräuschkulisse, die Präsentation von unterstützendem Bildmaterial, die Vorstellung der agierenden Charaktere, die Reaktivierung des kindlichen Weltwissens und die muttersprachlich vorgetragenen Vermutungen zum Inhalt.

▶ 7: Der unterrichtliche und häusliche Einsatz der Hör-CD muss optimiert werden. ◀

Für jedes Grundschullehrwerk werden von den Verlagen entsprechende Hör-CDs bzw. DVDs angeboten, die oftmals zusammen mit dem Kauf des Schulbuches bzw. Übungsheftes erworben werden. Das ist eine erfreuliche Entwicklung, denn es ist unzweifelhaft richtig, dass sich die Zuhörfähigkeit nur im täglichen Sprachbad einstellt bzw. verbessert. Nur gelegentliche Hörverstehensübungen im Unterricht sind überwiegend uneffektiv; die Quelle der authentische Sprache gehört in die Hände der Schüler, eine Forderung, die auch von den mitlernenden Eltern lebhaft unterstützt wird. Auch die Einrichtung einer „Hörecke" (*listening corner*) im Klassenzimmer oder in einem Gruppenraum hat sich als äußerst gewinnbringend erwiesen. Die rasante Entwicklung im Bereich der überall einsetzbaren Mini-Abspielgeräte verspricht zukünftig eine noch buntere Übungsvielfalt.

▶ 8: Die Unterrichtssprache ist überwiegend Englisch. ◀

Obwohl das Prinzip der Einsprachigkeit besonders in der Grundschule kritisch hinterfragt werden muss, hat es dennoch seine (eingeschränkte) Gültigkeit. Durch das tägliche Hören der lehrerseitigen Unterrichtsphrasen (*classroom phrases*) kommt es selbst bei lernschwächeren Schülern zu beachtlichen Verstehensergebnissen. Erfahrungsgemäß benötigen die Lernenden recht unterschiedliche Zeiträume, um etwas zu behalten (lernerfolgsspezifische Inkubationszeiten), was oftmals die Ungeduld der Unterrichtenden erregt. Die einschlägigen Beobachtungsergebnisse aus dem konkreten Unterrichtsgeschehen beweisen jedoch, dass fast alle Lernenden die alltäglichen *classroom phrases* verstehen, wenn diese auch nicht alle in die sprachproduktiven Bereiche vordringen.

Bestimmte Routinen bereiten den Kindern in der Grundschule keine Schwierigkeiten, z.B. die grundlegenden Anweisungen (z.B. *Repeat after me*), Arbeitsaufträge (z.B. *Copy the words from the board*), Hinweise zum Verhalten und zur Ordnung im Klassenraum (z.B. *Stop talking, please/Pick it up, please*), Lernarrangements (z.B. *Get together in groups of four*), Medieneinsatz (z.B. *Switch it on. Plug it in*), Lob und Tadel (z.B. *Well done/You can do better*).

Die Einsprachigkeit darf allerdings nicht in die Frustration führen, denn man kann in einem *language bath* auch ertrinken!

► 9: Englisch in anderen Fächern hören und verstehen. ◄

Das Zuhören und Verstehen beschränkt sich nicht nur auf den Englischunterricht selbst. Zahlreiche Phrasen werden auch in anderen Fächern mühelos vermittelt:

- Sport: *Jump over the bench. How many press-ups can you do?*
- Musik: *Sing after me. Sing along, will you?*
- Kunsterziehung: *Take out your crayons.*
- Handwerken: *Fold the paper in half.*
- Mathematik: *Add the numbers together.*

► 10: Die Englisch sprechende Umwelt integrieren. ◄

Parallel zur visuellen Wahrnehmung des Englischen in der unmittelbaren Umwelt (z.B. Werbung) werden auch akustische Elemente bewusst in den Unterricht der Grundschule integriert. Dies führt verstärkt zur fremdsprachlichen Sensibilisierung im Hörverstehensbereich. So könnte man die Schüler durchaus fragen, was sie z.B. am Flughafen gehört haben: *Final call for … Flight 2334 is now ready for boarding. Attention. Don't leave your luggage unattented.* Im Zug: *Thank you for travelling with Deutsche Bahn. Next Stop is Munich Main Station.*

Die Erfahrung der Lehrkräfte weist deutlich darauf hin, dass die Zuhöraufgaben (Hörverstehensaufgaben) durchaus fordernd eingesetzt werden können. Von einer übereilten oder ständigen Überprüfung des Verstehens sollte man allerdings absehen. Dies würde einer völlig veralteten Lerntheorie das Wort reden, die von einem trivialen Input-Output-Mechanismus ausgeht, der beim heutigen Kenntnisstand über den Verlauf der Lernprozesse nicht mehr haltbar ist.

Erprobte und bewährte Zuhöraufgaben

Die unterrichtlichen Möglichkeiten zur Erhöhung der Zuhörfähigkeiten sind vielfältig und umfassen zwischenzeitlich bereits ein recht respektables Repertoire in den Katalogen bzw. in den Trickkisten der Lehrkräfte, z. B.

- Zu(hören) und Wiederholen (*listen and repeat*) von Wörtern, Phrasen mit zunehmenden Sprechtempi, Intonationskonturen und prosodischen Merkmalen. Sie dienen auch der Konzentrationsschulung und der Erhöhung der Behaltensleistung (z. B. *How many animals can you remember?*). Hören und Sprechen werden meist integrativ geübt.
- Zuhören und zeigen (*listen and point*). Die Kinder hören einen Text von der CD oder vorgelesen von der Lehrkraft und zeigen mit dem Finger auf die entsprechenden Personen, Tiere oder Gegenstände, die in Schul- bzw. Arbeitsbüchern abgebildet sind. Bei einer Bildgeschichte zeigen sie auf das jeweilige Bild, das momentan dem Hörtext entspricht.
- Zuhören und Zeichnen (*listen and draw*). Die Kinder bekommen ein Arbeitsblatt mit einem Haus und zeichnen die Veränderungen ein, die durch die Beschreibung der Lehrkraft offenkundig werden, z. B. *They've built a fence. Draw the fence. They've planted a tree next to the garage. Draw it.*
- Zuhören und Ausmalen (*listen and colour*). *This is Cocoa the clown. Today he's wearing green trousers, a red hat, a blue jacket, and a yellow t-shirt.* Die Kinder hören der Lehrkraft genau zu und malen die Kleidungsstücke entsprechend aus.
- Unterscheiden von fast gleich klingenden Wörtern (*listen and discriminate*). *I've got a cup.* vs. *I've got a cap.* Diese *minimal pairs* sind auch für die orthographische Sensibilisierung bestens geeignet.
- Anweisungen verstehen und ausführen (*listen and perform actions*). *Stand up and go to the OHP. Plug it in. Switch it on. (= Total physical response learning)*
- Anleitungen verstehen und ausführen (*listen and follow instructions*). *Cut along the dotted lines. Punch a hole in the middle.*
- Sätze anhören und vervollständigen (*listen and predict*). *I've got a little sister. She's 3 years … (old).* Diese klassische Übung entspricht der mentalen Aktivität des menschlichen Gehirns beim Zuhören (Voraushören), wobei eine Information bereits vollständig verstanden wird, noch bevor der Sprecher einen Satz beendet.
- Kurzzeitgedächtnisaufgaben (*running memory*). Die Lehrerin spricht einen längeren Satz das erste Mal vollständig und das zweite Mal unvollständig. Die zuhörenden Kinder müssen den fehlenden Teil ergänzen,

z. B.
Lehrkraft: *Wash the apple and then peel it.*
Wash the apple and then …
Schüler: … *peel it.*
Der Anspruch kann durch die Länge der weggelassenen Satzteile variiert werden.

- Zuhören und Personen/Gegenstände/Tiere/Örtlichkeiten raten (*listen and guess*). *My animal lives in the sea. It's very small. It looks like a horse. It lives in the sea.* Die Schüler hören genau zu und nennen den Begriff so schnell wie möglich (Wettkampfcharakter).
- Zuhören und Wortkärtchen anbringen (*listen and label*). Die Kinder bekommen ein Arbeitsblatt mit einer komplex dargestellten Landschaft, die von der Lehrkraft beschrieben wird. Sie müssen die entsprechenden Wortkärtchen an die richtigen Stellen kleben.
- Zuhören und Zuordnen (*listen and match*). Entsprechend einem Hörtext ordnen die Kinder den Personen die im Text genannten Gegenstände zu, z. B. *Michael has got a new bike. Clive has got a new pair of in-line skates.*
- Zuhören und Ordnen (*listen and sequence*). *Listen to the story and put the pictures in the right order.*
- Zuordnen und Klassifizieren (*listen and classify*). *Clive and Clare are going to buy some food and drinks for the party on Saturday. Make two lists. One for the food and one for the drinks.* Die Kinder hören einen Dialog von der CD und ordnen die entsprechenden Wortkärtchen der jeweiligen Einkaufsliste zu.
- Inhaltliche Fehler während des Vorlesens oder Geschichtenerzählens entdecken (*listen and say what is wrong*). Die Lehrkraft erzählt (oder liest) eine kurze Geschichte, die den Kindern bereits bekannt ist, und nennt dabei vom Original abweichenden Inhalt. Die Kinder hören genau zu und signalisieren wahrgenommene Abweichungen.
- Zuhören und eine verwürfelte Bildreihe in die richtige Reihenfolge bringen (*listen and rearrange a series of pictures*). Die Kinder hören eine Geschichte und ordnen die ihnen vorliegenden Bilder.
- Eine sprachliche Äußerung flüsternd weitergeben (*chinese whisper*). Die Lehrkraft flüstert einem Kind etwas ins Ohr, z. B. *Otto can't sleep without his teddy bear.* Dieses Gerücht wird dann ebenfalls flüsternd weitergegeben. Das Kind am Ende der Reihe muss schließlich der Lehrkraft berichten, was denn da behauptet wurde. Oftmals ergeben sich dabei recht lustige Veränderungen, insbesondere dann, wenn die Anzahl der Gerüchteverbreiter hoch ist.

- Vor- und Nachsingen des englischsprachigen Liedguts oder das Nachsprechen von Reimen (*stress, rhythm, intonation*), kurzen Gedichten, Zungenbrechern oder Sprüchen aller Art gehört zum alltäglichen Fremdsprachenlernen in der Grundschule. Die Handpuppe kann hierbei durchaus eine tragende Rolle spielen.
- Einem *native speaker* zuhören. Große Begeisterung zeigen die Grundschulkindern in Realsituationen, wo sie tatsächlich einem „echten Vertreter" des Ziellandes gegenüberstehen. Jedes Wort, das sie verstanden haben, wird i.d.R. zu Hause stolz verkündet. Dieses prägende Erlebnis sollte man den Lernenden nicht vorenthalten und tatsächlich entsprechend geeignete Personen in den Unterricht einladen.
- Emotionalität erkennen (*friendly/unfriendly – polite/not polite*). Die Kinder beurteilen Aussagen nach deren Freundlichkeit oder Höflichkeit. Dabei halten sie entweder einen *smiley* oder einen *frowny* hoch.
- Übungen zur Erhöhung der Behaltensleistung (*listen and remember*). *Going to the market. S1: Go and get some apples. S2: Go and get some apples and some pears. S3: Go and get some apples, some pears and some oranges.* Etc.

Viele dieser Aktivitäten weisen auf ein handlungsorientiertes Konzept, d.h., die Zuhöraufgaben sind nicht Selbstzweck, sondern Teil des kommunikativen, interaktiven und fertigkeitsintegrierten Verhaltens (*listen and* ...). Sie bereiten den Lernenden großen Spaß und sind gleichzeitig zielorientiert auf die Ausbildung und Verbesserung der Zuhörfähigkeit ausgerichtet.

Evaluierungskriterien für Hörtexte

Die Qualität der Texte, die die Zuhörfähigkeit in der Fremdsprache entwickeln sollen, muss sehr streng überwacht werden. Die folgenden Beurteilungskriterien sind für die Qualitätseinschätzung von CDs und DVDs bestens geeignet:

- Hörszenen bzw. überlegte szenarische Gliederung beim *Storytelling*
- Redundante Redemittel und sprachfreie Zwischenräume
- Keine komplexen Sätze, aber dennoch authentischer Sprachgebrauch
- Etwas reduzierte Sprechgeschwindigkeit bei Beachtung der sonstigen Merkmale der gesprochenen Sprache, z.B. Kurzformen (*I'm* .., *I've* ..), Vokalreduktionen, Schwachtonformen, Verschleifungen)
- Deutlich unterscheidbare Stimmen der Sprecher und emotionale Färbungen

- Häufige Wiederholung von Kernstrukturen (repetitives Element)
- Geringe Wortschatz- und Strukturendichte
- Altersstufen- und zeitgerechte Themen

Die Programme müssen einfach zu handhaben sein, wobei die Fremdsprache im Fokus steht und nicht die Effekte. Sie sollen sowohl auf der Wortebene, auf der Satzebene und auch auf der Textebene entsprechendes Übungsmaterial anbieten. Entsprechende Software zur Überprüfung der Hörverstehenstüchtigkeit ist bereits auf dem Markt.

Zuhören und Zusehen (Hör- und Sehverstehen)

Das Medium „Film" gehört selbstverständlich auch in den Fremdsprachenunterricht in den Grundschulen. Die Vorteile der mehrkanaligen Informationsaufnahme müssen nicht mehr bewiesen werden. Mimik, Gestik und Körpersprache helfen den Schülerinnen und Schülern beim Verstehen von mündlichen Äußerungen, sie hören authentische Sprache und können sich eine Sprachmelodie ob deren episodischer Präsentation erheblich leichter merken. Das Hör- und Sehverstehen ist nicht länger künstlich getrennt und kann durch eine entsprechend differenzierte unterrichtliche Vorgehensweise beachtlich entwickelt werden. Situations- und kulturspezifische Äußerungen sind über dieses Medium wesentlich einfacher zu dekodieren. Die medienspezifischen Arbeitstechniken sind vielfältiger Natur. So kann die Lehrerin ein Standbild anbieten (*freeze frame*) und darüber mit den Kindern reden, das Geschehene wiederholen oder über das Kommende spekulieren (*predicting*). Die Konzentration auf das gesprochene Wort wird immer dann gesteigert, wenn man auf das Bild verzichtet (*dark screen technique*) und die Lernenden auffordert, die Szene zu beschreiben, die zur momentanen Versprachlichung passt – auf Deutsch, versteht sich.

4 Sprechen im Anfangsunterricht oder ist Schweigen Gold?

Michaela Sambanis

► Eines der vorrangigen Ziele des Fremdsprachenunterrichts in der Grundschule besteht darin, Entwicklungen im Bereich der Primärfertigkeiten, d. h. beim Hören und Sprechen, in Gang zu setzen. ◄

Die Kinder sollen auf der Basis einer sich von Klasse 1 an zunehmend erweiternden Lexik zur Teilnahme an kommunikativen Interaktionen befähigt werden. Sie sollen zu einem selbstbewussten Umgang mit der Sprache geführt werden, sich von Unbekanntem nicht entmutigen lassen, sondern strategische Kompetenzen entwickeln, um Lücken im Verstehens- und Ausdrucksvermögen überbrücken und erfolgreich kommunizieren zu können.

► In den letzten Jahren zeichnete sich die Tendenz ab, dem Hören und Verstehen im Fremdsprachenunterricht der Grundschule besondere Beachtung zu schenken und das Sprechen vergleichsweise wenig zu berücksichtigen bzw. es sozusagen als Begleiterscheinung der Hörverstehensfähigkeit zu betrachten. ◄

Die Bedeutung des Hörens und die Wichtigkeit des Hörverstehens für die Fremdsprachenaneignung wurden für die Primarstufe insbesondere durch *verstehensbasierte Ansätze* hervorgehoben (Bleyhl 2000). Der Verstehensorientierung kam seit Ende der 1990er-Jahre viel Beachtung zu, und sie entwickelte sich rasch zu dem an Grundschulen in Deutschland am weitesten verbreiteten methodischen Ansatz. Verstehensansätze erheben den Anspruch, die Fremdsprachenaneignung in Orientierung am Erstspracherwerb zu gestalten, d. h., vor allem eine Phase der Sprachrezeption an den Beginn des Fremdsprachenunterrichts zu stellen. Grundschüler sollen, ähnlich wie angeblich auch das Kleinkind, zunächst eine als „Inkubationszeit“ (Bleyhl 2000) bezeichnete *silent period* durchlaufen, in der sie noch nicht sprechen, aber schon der Sprache ausgesetzt werden (*Sprachbad*).

Nach Ansicht der interaktionistischen Position in der Erstspracherwerbsforschung (Bruner 1974/1975) durchlaufen allerdings auch Kleinkinder keine Schweigephase, sondern sie versuchen bereits lange bevor sie ihr erstes Wort sprechen unter Einsatz von mimischen, stimmlichen und lautlichen Mitteln an kommunikativen Interaktionen mitzuwirken.

Rezeptionsorientierte Ansätze heben die Komplexität des Hörverstehensvorganges (Ryan 2002, Kieweg 2003) hervor und rücken das Hören und das Sprachverstehen ins Zentrum der unterrichtsmethodischen Überlegungen. Es wird angenommen, dass insbesondere Schüler im Anfangsunterricht durch die rezeptive Tätigkeit, die Aufnahme, die mentale Verarbeitung und die Speicherung zielsprachlicher Daten derart beansprucht seien, dass sie durch Sprechversuche und -übungen zu sehr belastet würden.

Problematisierung der Dominanz des Hörverstehens

Ein Hinauszögern von Sprechversuchen in der Absicht, Überlastungen vorzubeugen und Fehlern, z.B. Falschaussprachen, entgegenzuwirken, führt letztlich zur Dominanz von rezeptionsorientierten Angeboten im Fremdsprachenunterricht, zu einer Sequenzialisierung des Lehr- und Lernprozesses – erst Hören, dann Sprechen – und damit zu einer Zergliederung der eigentlich interdependenten Fertigkeiten des Hörens und des Sprechens. Die Annahme, frühe Sprechversuche behinderten das Sprachverstehen oder verursachten Aussprachemängel, ist empirisch nicht haltbar.

Aus einer unlängst veröffentlichten in Deutschland durchgeführten Studie im Fremdsprachenunterricht Englisch und Französisch ab Klasse 1 (Sambanis 2007) geht vielmehr hervor, dass Hör- und Verstehenstätigkeiten einander stützen können. Die meisten Kinder im frühen Grundschulalter, denen nicht signalisiert wird, dass lediglich Sprachrezeption und nonverbale Reaktionen von ihnen erwartet werden, ergreifen früh das Wort, viele verwenden nicht nur Einwortbeiträge, sondern übernehmen bald schon erste feststehende sprachliche Einheiten, sogenannte *chunks*, wobei es keineswegs zu einer Häufung von Aussprachemängeln kommen muss – im Gegenteil:

▶ Ohne Sprechversuche kann es den Kindern nicht gelingen, die zur Sprachproduktion in der Zielsprache notwendigen motorischen Prozesse aufzubauen. ◀

Denn durch Sprachrezeption und gedankliches Aufarbeiten von Höreindrücken wird die Sprechmotorik nicht trainiert und nicht auf die Zielsprache eingestellt.

Wenn aber Kindern in Form von aufforderungsstarken Unterrichtsangeboten Sprechgelegenheiten angeboten werden, dann sprechen sie bereits im fremdsprachlichen Anfangsunterricht. Sie sprechen, um sich an Spielen und kommunikativen Interaktionen beteiligen zu können. Sie sprechen gerne gemeinschaftlich kurze Texte und Reime mit oder sagen sie auswendig auf und präsentieren sie später stolz zu Hause.

▶ Die Kinder sprechen bisweilen bei der Sprachverarbeitung vor sich hin und nutzen dabei das Sprechen als Lernkanal (Sich-selbst-sprechen-hören) und zugleich als Verarbeitungsstrategie. ◀

Sprechen ist nicht zuletzt auch eine Form der Bewegung, die von Kindern gerne wahrgenommen wird, da sie am Schulvormittag zumeist relativ lange Zeit mehr oder weniger stillsitzen und viel zuhören müssen.

Konzentrieren sich die Unterrichtsangebote auf Sprachaufnahme und Hörverstehen, so werden die Aktionsmöglichkeiten der Kinder im Unterricht nicht ausgeschöpft. Wird beispielsweise die in den letzten Jahren wieder vielbeachtete Lehrtechnik *Total Physical Response (TPR)*, bei der die Kinder Anweisungen in der Fremdsprache hören und diese ausführen, jedoch nicht oder kaum sprechen (vgl. ASHER 1969), zu einem Eckpfeiler des Unterrichts, dann bleiben die Interaktionen relativ gleichförmig, beschränken sich häufig auf Lehrerinput und nonverbale Schülerreaktionen. Durch eine Überbeanspruchung solcher Techniken im Fremdsprachenunterricht wird die soziale Dimension der Sprachverwendung zu wenig berücksichtigt und die Rollen werden zu starr festgelegt: Der Lehrer ist Sprecher, die Kinder sind Zuhörer. *TPR*-Maßnahmen unterstützen zwar möglicherweise den Aufbau rezeptiver Wortschatzkenntnisse und gewisser Verstehensstrategien, doch bilden sie keinen geeigneten Handlungsrahmen, um durch wechselseitige Kommunikation die Sprechsprache der Kinder samt Kompensations-, Kommunikations- und Interaktionsstrategien zu entwickeln.

Im Bemühen, die Kinder nicht zu überfordern, sie nicht durch Sprechimpulse dazu zu bringen, sich mit möglicherweise fehlerhaften, noch nicht vollständig mental ausgereiften sprechsprachlichen Äußerungen dem Urteil der anderen aussetzen zu müssen, verzichten Lehrer im Anfangsunterricht vielfach auf Unterrichtsaktivitäten, die das Sprechen der Kinder einschließen und bauen stattdessen auf die förderliche Wirkung der Inkubationszeit.

Dies führt jedoch dazu, dass selbst Formen des gemeinschaftlichen Sprechenübens, sogar das Chorsprechen, bei dem sich kein Kind vor den anderen exponieren muss, wenig Berücksichtigung finden und dass schließlich selbst sprechfreudige Kinder den Eindruck gewinnen, ihre Sprechversuche seien nicht erwünscht. Ein gerade für diese Schüler wichtiger Lernzugang wird dadurch ungewollt tabuisiert. Eigene Unterrichtsbeobachtungen, Erfahrungsberichte von Lehrern und Schilderungen von Eltern bestätigen, was pointiert von Diehr (2003, 98) bemängelt wird: Statt Sprechhandlungsfähigkeit zu entwickeln, verstummen die Kinder oder sie greifen vermehrt auf die deutsche Sprache zurück (Kompensation), zeigen sich in der Zielsprache kommunikationsscheu und können mit der Zeit nur noch mit Mühe zum Sprechen angeregt werden.

Auch die wissenschaftliche Begleitung der *Verstehensmethode* in Baden-Württemberg kommt zu dem Schluss, dass die Mehrheit der erprobenden Lehrkräfte das sehr deutlich auf Sprachrezeption ausgerichtete Konzept für den Fremdsprachenunterricht ab Klasse 1 als „wenig realistisch" (Rothe/Werlen 2004, 3) einschätzt und insbesondere die geringe Berücksichtigung des Bedürfnisses der Kinder nach dialogischem Lernen bemängle. Aus dieser Perspektive betrachtet muss die Frage, ob Schweigen im Grundschulfremdsprachenunterricht Gold sei, negativ beantwortet werden.

► Die Kinder dürfen natürlich nicht zum Sprechen gezwungen werden, aber das Aufkeimen des Sprechwunsches ist zu fördern. ◄

Ein selbstbewusster, das Verstehen, Handeln und Sprechen umfassender Umgang mit der Fremdsprache kann nicht erst als Ziel ans Ende des Lernweges gestellt, er muss vielmehr von Anfang an gepflegt und zu zunehmender Entfaltung gebracht werden. Durch die Schaffung von variablen, zielsprachlich getragenen Sprechhandlungsgelegenheiten können den Kindern schon in Klasse 1 die Erfahrungen ermöglicht werden, auf die sie zum Aufbau von Sprechhandlungsfähigkeit angewiesen sind.

Das Hören ist eine basale Fertigkeit im Sprachaneignungsprozess und die Komplexität und Vielschichtigkeit des Verstehensvorganges steht außer Frage. Doch die Erfahrungen und die in den letzten Jahren empirisch gewonnenen Erkenntnisse haben gezeigt, dass die besondere Betonung der Sprachrezeption zumindest angesichts der an deutschen Grundschulen gegebenen Rahmenbedingungen zu kurz greift. Die Prioritäten im Fremdsprachenunterricht auf der Primarstufe sollten überdacht werden.

Sprechhandlungsfähigkeit

► Um in einer Sprache kommunikative Interaktionen mitgestalten und dabei Handlungs- und Redeintentionen umsetzen zu können, bedarf es zumindest zweier sprachlicher Fertigkeiten, nämlich des Hörverstehens und des Sprechens. Beide basieren auf verfügbarer Lexik, das Hörverstehen auf rezeptiver, das Sprechen auf (re)produktiver. ◄

Sowohl beim Verstehen als auch beim Sprechen kommt *chunks* eine wichtige Funktion zu. Diese sprachlichen Fertigteile werden als feststehende Äußerungen gespeichert und abgerufen. Sie beschleunigen den Hörverstehensprozess und haben einen großen kommunikativen Nutzwert. Aus diesem Grund sollte schon im Anfangsunterricht nicht nur Einzelwortlernen betrieben werden.

► Feststehende Wendungen sind Bestandteil einer am Sprachlerner orientierten Lehrersprache. ◄

Sie sollen nicht vermieden, sondern dort, wo sie kommunikativ angemessen erscheinen, gebraucht, eindeutig kontextualisiert und, wenn möglich, mehrfach verwendet werden. Durch wiederholte Aufnahme desselben *chunks* innerhalb eines Unterrichtsarrangements oder im Rahmen wiederkehrender, ritualisiert eingesetzter Unterrichtsereignisse wird dem Schüler die Speicherung der Wendung im Gedächtnis erleichtert. Eine wiederholte Begegnung mit sprachlichen Fertigteilen ist die beste Voraussetzung für deren Übernahme in den Sprechwortschatz. Gespeicherte *chunks* bilden eine Basis, an der die Syntaxentwicklung ansetzen kann:

- Der Übergang vom Einzelwort zu selbst formulierten Mehrwortäußerungen wird erleichtert,
- die Entwicklung einer Protogrammatik begünstigt,
- die Substanz für intensivere Sprachreflexion ab dem späteren Grundschulalter angelegt und
- die Chancen des Schülers auf kommunikative Erfolge verbessert.

Sprechhandlungsfähigkeit bedeutet ferner, dass ein gewisses Maß an Hör- und Aussprachequalität erreicht werden muss. Nur, wenn sich das Ohr des Schülers auf die fremde Klangwelt (*paysage sonore*, LHOTE 1990) einstellt und die Sprechwerkzeuge die nötige Flexibilität erreichen, um die zielsprachlichen Laute und Lautkombinationen wiedererkennbar hervorzubringen, kann das Kind verstehen, sich verständlich machen und somit erfolgreich in Sprechhandlungen eingreifen.

► Bewusstes Zu- und Hinhören muss im Fremdsprachenunterricht ebenso trainiert werden wie die Ausssprachefähigkeit und die Sprechgeläufigkeit. ◄

Es erscheint daher ratsam, regelmäßig kurze Unterrichtssequenzen zum Training der Identifikation, Diskrimination und Produktion zielsprachlicher Wörter und schwieriger Lautfolgen einzurichten. Gerade jüngere Kinder sollen, so zumindest der bisherige Stand der Forschung, noch recht große phonetisch-phonologische Flexibilität besitzen, die, entsprechend geschult, zu sicherer Hörwahrnehmung und einer guten Aussprache in der Zielsprache führen kann. Entscheidend ist, dass dieses Potential entfaltet wird, und dazu bedarf es geeigneter Unterrichtsarrangements (Sambanis 2005 und 2007). Nachfolgend werden hierzu Impulse gegeben.

Doch selbst, wenn der Lexikaufbau günstig verläuft und wenn das Kind seine Hör- und Aussprachegewohnheiten auf die neue Sprache einstellen kann, garantiert dies noch nicht, dass es auch erfolgreich kommunizieren wird. Um sich hörend, handelnd und sprechend in Interaktionen einschalten zu können, müssen auch strategische Kompetenzen (Oxford 1990) entwickelt werden, nämlich

- *Partizipationsstrategien* (u. a. geeignete Maßnahmen, um das Rederecht zu beanspruchen),
- *Kommunikationsstrategien* (z. B. Umsetzung von Redeintentionen durch sprachliche und intonatorische Mittel) und
- *Kompensationsstrategien* (z. B. das Anfordern von Hilfe oder das Überbrücken von Wortschatzlücken durch Gestik oder Mimik).

Bei Schuleintritt verfügen die Kinder bereits über ein Repertoire an erstsprachlichen Sprechhandlungsstrategien, doch erweisen diese sich in der Zielsprache nicht immer als tauglich. Die Kinder müssen herausfinden können, welche Strategien übertragbar oder an die neue Sprache adaptierbar sind. Ergänzend sind weitere, zielsprachenspezifische Sprechhandlungsstrategien zu entwickeln.

Je früher altersgemäße Sprechhandlungsgelegenheiten eingerichtet werden, desto größer sind die Chancen, die kindliche Neugier auf die neue Sprache und die Offenheit der Grundschüler so zu nutzen, dass die angestrebte Entwicklung einer natürlichen Gesprächshaltung und der Aufbau von Sprechhandlungsfähigkeit in der Zielsprache gelingen können. Solange der zielsprachliche Wortschatz der Kinder noch begrenzt ist, hilft es den Sprachlernanfängern besonders, wenn sie sich untereinander verbünden dürfen. Das kooperative Mitgestalten von Sprechhandlungen ermöglicht es ihnen, schon vom ersten Unterrichtstag an mehr als nur rezeptive Teilnahme am Sprachbad zu erbringen. Zugleich kann der „heute von der psychologischen Forschung stark in Zweifel" gezogene Denkansatz vom Wissen zum Können (SEGERMANN 2001, 122) überwunden werden.

▶ An die Stelle einer Progression vom Hören zum Sprechen tritt eine die Primärfertigkeiten integrativ entwickelnde Progression. ◀

Verknüpfen von Hören und Sprechen

Schulanfänger gehören einer Altersgruppe an, die gerne durch Erleben und Erkunden lernt, weniger durch Belehrung und Zuschauen. Sie brauchen zum Lernen nicht nur kognitive Nahrung, sondern auch affektiven Rückhalt und soziale Erfahrungen. Sie wünschen sich, im Unterricht bewegt und berührt zu werden, selbst handeln und mit anderen Kindern agieren zu können, mitmachen oder sogar einmal Regie führen zu dürfen.

Um diesen Handlungs- und Interaktionsbedürfnissen nachkommen zu können, um die Kinder dabei zu unterstützen, unbefangen, getragen von Explorationslust mit der neuen Sprache umzugehen und zu experimentieren, müssen reizvolle Handlungsspielräume eröffnet werden. Diese sollen die zielgerichteten Hör- und Sprechgelegenheiten zusammenführen und es den Kindern ermöglichen, trotz Lücken aktiv an Handlungen mitzuwirken, durch Kooperation zu kompensieren.

Es konnte aufgezeigt werden, dass sich die zielsprachlichen Fertigkeiten und die kommunikativen Fähigkeiten im schulischen Fremdsprachenunterricht durch das Zusammenwirken von Sprachrezeption und Sprachproduktion integrativ entwickeln können. (SAMBANIS 2007, 353)

Anstatt eines Vorlaufes im Sinne der *silent period* erscheint es ratsam, die sich auf Hörverstehen und Sprechen stützende, intentionale, progressiv-kommunikativ angelegte Sprachverwendung früh zu fördern. Das Hörverstehen entwickelt sich insgesamt rascher als das Sprechen. Dies bedeutet jedoch nicht, dass das Sprechen außer Acht bleiben oder aufgeschoben werden dürfte.

▶ Es muss nicht beunruhigen, wenn die Kinder im Anfangsunterricht bereits recht komplexe Sätze verstehen, jedoch erst knappe sprechsprachliche Äußerungen hervorbringen. ◀

Entscheidend ist, dass Sprechgelegenheiten im Verbund mit Höranlässen geschaffen werden, dass dabei dem imitativen Sprechen eine gewisse Beachtung geschenkt wird, dass aber vor allem Redebeiträge ermöglicht werden, die sich nicht in „papageienhaftem Nachplappern" (MAIER 1991, 162) erschöpfen, sondern von den Kindern intentional eingesetzt und strategisch abgefedert werden. In der empirischen Erprobung eines innovativen, sich diesen Anforderungen verpflichtenden Unterrichtskonzeptes konnten neben hoher Schüleraktivität und großer Akzeptanz der Lernangebote wichtige Entwicklungen im Bereich der Hörverstehensfähigkeit, der Sprechhandlungsstrategien, des Sprechens und, sogar schon in Klasse 1, frühe Stadien der Syntaxentwicklung (SAMBANIS 2007, 358 ff.) nachgewiesen werden.

Wie gelingt es in der Unterrichtspraxis, die Sprech- und Partizipationsbegeisterung der Kinder zu entfalten bzw. auch scheueren Kindern Lust zum Sprechen und Mut zur aktiven Beteiligung zu machen? Welche Handlungsrahmen erlauben es, Hörverstehen und zunächst wenig komplexe, aber dennoch kommunikativ-intentionale Sprechbeiträge so zusammenzuführen, dass bereits Sprachlernanfänger kommunikative Erfolge im Fremdsprachenunterricht erleben und Interaktionserfahrungen sammeln können?

Gemeinschaftliches Handeln

Bei der Konzeption von sprechhandlungsförderlichen Unterrichtsarrangements ist es von Bedeutung, nicht nur oder vorrangig den einzelnen Schüler in den Blick zu rücken. Es genügt nicht, die Kinder mit Lerninhalten und Anreizen zu versorgen, sondern vielmehr gilt es, bei der Lerngemeinschaft anzusetzen. In der Lerngemeinschaft kann Spracherleben und Sprachaneignung verankert werden und kommunikative Interaktion stattfinden.

Im Anfangsunterricht können gezielt Lernszenarien geschaffen werden, in denen die Kinder sich untereinander verbünden und funktionale Partnerschaften bilden, einander weiterhelfen und somit kompensieren. Dadurch gelingt es ihnen, trotz Lücken, bereits an Sprechhandlungen mitzuwirken. Solche besonderen Lernszenarien wurden im Rahmen der oben erwähnten wissenschaftlichen und empirischen Studie in den Klassen 1 und 2 erprobt und ausgewertet. Schließlich wurden die Arrangements, sogenannte Ko-Aktionen (Lernszenarien, in denen die Kinder kommunizieren, kooperieren, kompensieren) zu einem Lehr- und Lernansatz zusammengefügt. Der ko-aktive Ansatz (SAMBANIS 2007, passim) umfasst spracherlebnisbetonte und sprachlernorientierte Arrangements, die es den kleinen Lernern ermöglichen, Sprache hörend aufzunehmen, mit dem Sprechen zu experimentieren und durch aktives Mitgestalten von Sprechhandlungen auch Strategien aufzubauen.

Im Zentrum stehen Unterrichtsarrangements, die „Spracherlebnisqualität“ zu schaffen suchen. In diesen erlebnisorientierten Ko-Aktionen treten die Kinder in kommunikative Interaktionen untereinander und mit dem Lehrer oder der Lehrerin ein. Dabei nutzen sie ihre noch begrenzten zielsprachlichen Mittel, helfen einander weiter und schulen und erweitern ihre Kompetenzen direkt in der Anwendung.

Die erlebnisorientierten Ko-Aktionen werden ergänzt durch sprachlehr- und -lernorientierte Arrangements, die dem Abstützen des Lernzuwachses, vor allem der lexiko-syntaktischen Erträge, dienen. Diese Lernangebote sind auf ruhige Konzentration und gezielte Schulung der Teilfertigkeiten, z. B. des Feinverstehens oder der Aussprachegeläufigkeit, ausgerichtet.

Praxisimpulse

Durch den Einsatz von Ko-Aktionen soll es gelingen, die mündlichen Fertigkeiten nicht voneinander loszulösen, sondern beide vorrangig im Gebrauch zu entwickeln. Bei der Planung von Unterrichtsangeboten für den Anfangsunterricht ist es von besonderer Bedeutung, folgende Aspekte zu berücksichtigen:

- Die Kinder wollen sich beteiligen.
- Sie brauchen Kommunikations- und Interaktionserfahrungen.
- Überforderungen sind zu vermeiden.
- Unterforderung führt zu Langeweile, zum Abbau der Lernbereitschaft und zum Verebben der Lernfreude.
- Kinder suchen Herausforderungen.
- Sie brauchen Erfolgserlebnisse.
- Kinder verlangen nach Anregungen, sie wollen bewegt und beachtet werden.
- Kinder spielen und lachen gerne, am liebsten zusammen mit anderen.

Erlebnisorientierte Arrangements sprechen vor allem die Affektion der Kinder an und sollen bei ihnen den Wunsch nach Partizipation an gemeinsamen Aktionen wecken. Das folgende Beispiel soll aufzeigen, wie eine Ko-Aktion geplant und bereits in den frühesten Stadien des Fremdsprachenunterrichts umgesetzt werden kann.

More or less?

Thema: Zahlen, Mengen, Beziehungen (mehr und weniger) im 10er- bzw. 20er-Raum; Verknüpfung mit thematischem Wortschatz (z. B. *fruit, toys*), Verbindungen zum Anfangsunterricht Mathematik.
Material: Bildkarten mit z. B. *5 teddy bears, 8 teddy bears* usw.
Aufgabe: Die Lehrperson muss erraten, wie viele Teddybären auf den Bildkarten der Kinder sind. Die Kinder geben Hinweise.
Ablauf: Zunächst wird ein Ratedurchgang simuliert. Die Lehrperson, bei Bedarf unterstützt durch die Handpuppe, mimt dabei sowohl die eigene Rolle, also die des Ratenden, als auch die der Hinweis gebenden Kinder. In der Simulation müssen die beiden Rollen deutlich demonstriert und die Redemittel mehrfach hörend zur Verfügung gestellt werden. Die Kinder dürfen mitsprechen. Die im Mathematikunterricht eingeführten Symbole für *größer oder kleiner* als können an die Tafel gezeichnet werden, um das Verstehen der Formulierungen *more/less than …?* zu erleichtern.
Die Kinder bilden Tridems oder Tandems. Von jeder Gruppierung wird eine Bildkarte gezogen und verdeckt abgelegt.

Damit sind die Vorbereitungen abgeschlossen und die Ratedurchgänge können beginnen. Die Lehrperson wendet sich dem ersten Kinder-Team zu und stellt die erste Frage. Zu jeder Bildkarte dürfen nur drei Fragen gestellt werden: Zunächst wird eine bestimmte Anzahl genannt, worauf die Schüler mit *yes* oder *no* antworten. Ist die Antwort *no*, stellt die Lehrerin die zweite Frage, z. B. *More than …?/Less than…?* Wieder antworten die Kinder und die dritte Frage darf gestellt werden. Errät die Lehrerin die genaue Anzahl, muss das Team die Bildkarte abgeben, andernfalls verbleibt sie bei den Kindern. In diesem Fall nennt das Team der Lehrerin die Anzahl der abgebildeten Teddybären und zeigt nach Aufforderung die Bildkarte zur Bestätigung.

Am Ende der Ratedurchgänge wird der Punktestand ermittelt und an der Tafel vermerkt. Es ist wichtig, den Kindern zu vermitteln, dass es nicht darum geht, wer seine Karte abgeben muss, sondern vielmehr darum, dass die Kinder in weiteren Raterunden ihren ursprünglichen Punktestand nicht unterbieten. Das Spiel soll vor allem den Zusammenhalt der Kinder fördern, indem sie gegen die Lehrerin spielen. Die Wahrscheinlichkeit, dass die Lehrperson in weiteren Durchgängen schlechter abschneidet als im ersten, erhöht sich, wenn der Zahlenraum erweitert wird und manche Karten doppelt in Umlauf gegeben werden.

Sprachlicher Fokus:
rezeptiv: *How many…?*
Have you got (Zahl) *teddy bears?/I think there are* (Zahl) *teddy bears in your picture.*
I see. You've got (Zahl) *teddy bears.*
More than (Zahl)*?/Less than* (Zahl)*?*
(re-) produktiv: *We've/I've got* (Zahl) *teddy bears.*
produktiv: *No./Yes.*
Zahlen plus *teddy bear(s)* (oder andere Substantive je nach Zielwortschatz und Bildmaterial)
Variation:
Ein Schüler (S_1) malt eine bestimmte Anzahl kleiner Kreise (0–10 oder 0–20 in Klasse 1) auf einen Zettel, den er dann verdeckt ablegt. Die Lehrperson (L) oder, im Sinne des *hand-over-principle* später auch ein Schüler (S_2), darf den Zettel nicht sehen, aber die übrigen Kinder sollten die Anzahl kennen. Zu diesem Zweck muss der Ratende (L oder S_2) der Klasse kurz den Rücken zukehren, sodass die gewählte Anzahl nonverbal durch Anzeigen mit den Fingern von S_1 vermittelt werden kann. Danach beginnt die Raterunde, genau wie oben geschildert, allerdings kommt diese Variante der Ko-Aktion ohne vorbereitetes Bildmaterial aus. Sie kann daher spontan eingesetzt, sehr gut als Puffer oder in Vertretungsstunden genutzt werden.

► Außer dem Mitgestalten kindgerecht figurierter, meist spielorientierter Arrangements, die von den Kindern als kurzweilig erlebt werden und sie zur Sprachverwendung anregen sollen, bedarf es zur Sicherung der Progression auch Zeiten des gezielten Übens und konzentrierten Auseinandersetzens mit der Zielsprache. ◄

Die Lernangebote sollten so gewichtet und kombiniert werden, dass sie zu einer ausgewogenen Mischung aus Erlebnisorientierung und Sprachlernorientierung führen. Einige der sprachlernorientierten Arrangements sollten beispielsweise das Sprechenüben ins Zentrum stellen.

Wogensprechen

► Zum Einüben der Aussprache von Wörtern oder Wendungen kann ein Vorgehen genutzt werden, das ich als Wogensprechen bezeichne und das sich besonders gut an Sitz- oder Morgenkreisaktivitäten anschließen lässt. Das Wogensprechen verbindet Bewegung und Nachsprechen miteinander. ◄

Es bedarf keiner besonderen Vorbereitung und keiner Materialien. Beim Wogensprechen soll durch Nachsprechen und körperliche Präsenz akustisch und optisch eine Welle erzeugt werden, die sich zunächst auf- und dann wieder abbaut. Die Kinder hören den Übungswortschatz wiederholt und können ihn mehrfach mitsprechen, wobei es beim Sprechen nicht darum geht, sich vor der Gruppe zu exponieren, sondern vielmehr darum, durch Mitsprechen und sprechbegleitendes Aufstehen bzw. Hinsetzen einen Beitrag zum gruppendynamisch erzeugten Wogen-Effekt zu leisten.

Die Lehrperson sitzt zusammen mit den Kindern im Kreis, spricht ein zielsprachliches Wort oder eine Wendung vor und steht sprechbegleitend auf. Durch Antippen der Schulter eines Nachbarkindes wird das Übungsitem in dessen Richtung weitergegeben. Die Lehrerin spricht zusammen mit ihrem Nachbarkind das Übungsitem, das Kind steht dabei auf, tippt die Schulter des nächsten Kindes an, sodass dann schon drei Sprecher stehen und gemeinsam sprechen. Auf diese Weise wird das Item in der Runde weitergegeben, bis es wieder beim Absender ankommt. Dieser gibt das Übungswort dann in die andere Richtung wieder zurück, wobei sich nach und nach alle Kinder sprechbegleitend wieder hinsetzen und die Woge rücklaufend abgebaut wird.

► Bei dieser Art des Nachsprechens wird eine hohe Wiederholungsfrequenz erreicht, aber die Kinder richten ihr Augenmerk auf das Auf- und Abbauen der Woge und empfinden die Übung nicht als monotones Einschleifen. ◄

Solange die Kinder Freude am Wogensprechen zeigen, können weitere Übungsitems auf dieselbe Weise trainiert werden. Das Wogensprechen bedarf in der Regel nur eines einzigen Probelaufes, damit die Kinder verstehen, welche Faktoren zum Gelingen beitragen und wie eindrucksvoll der gemeinsam erzeugte Effekt sein kann.

Igelballsprechen

► Igelballsprechen ist ein Arrangement, das zwischen Sprechenüben, Hören und Training der Merkfähigkeit anzusiedeln ist. Es zielt auf Wortschatzreaktivierung, -vernetzung und Wortschatzerweiterung sowie auf Hör- und Ausspracheschulung. Es geht über ein rein mechanisches Nachsprechen hinaus. ◄

Beim Igelballsprechen wird die Weitergabe des Rederechts durch das Überreichen eines zotteligen Plastikballes von den Kindern selbst geregelt. Zuerst holt die Lehrerin den Igelball hervor und nennt ein Wort oder eine Wendung in der Zielsprache. Die Kinder werden aufgefordert, weitere zielsprachliche Wörter, Wendungen, Reime, Lieder o.Ä. anzuschließen. Die Kinder dürfen sich melden und der Igelball wird an einen jener Schüler weitergegeben, der etwas in der Zielsprache beitragen kann. Doppelungen sind nach den Spielregeln nicht erlaubt, sodass die Kinder einander aufmerksam zuhören müssen. Bald erleichtern sie sich das Abrufen von Wortschatz, indem sie vernetzen. Nennt beispielsweise ein Kind ein Farbadjektiv, dann schließen häufig nachfolgende Sprecher weitere Farbadjektive an. Die Kinder werden dadurch angeregt, vor allem semantische Netze im gespeicherten Wortschatz zu stabilisieren und diese möglicherweise sogar auszubauen.

Werden die Kinder nach einem Durchgang von Igelballsprechen dazu aufgefordert, sich an möglichst viele der genannten Items zu erinnern, trainieren sie ihre Erinnerungsfähigkeit und wiederholen zugleich Wortschatz. Die Lehrperson kann anerkennend kommentieren und lobend erwähnen, wie viele Wörter sie bereits auf Englisch bzw. Französisch können. Das Sichtbarmachen von Lernerträgen, das hier auf ganz einfache Weise erreicht wird, ist für die Motivation von Schülern von großer Bedeutung.

Schlussbemerkungen

Für den Fremdsprachenunterricht in der Grundschule ist es wichtig, das Hören als einen wesentlichen Schwerpunkt zu betrachten, Lernangebote jedoch möglichst häufig auch für das Sprechen zu öffnen sowie gezielte Angebote zum Sprechenüben zu schaffen. Da Kinder im Anfangsunterricht durch manche kommunikativ-interaktiven Unterrichtsangebote noch überfordert wären, wurde vorgeschlagen, gemeinschaftlich figurierte Arrangements einzurichten, in denen sich die Schüler untereinander verbünden können.

Diese Ko-Aktionen ermöglichen es,

- Verknüpfungen zwischen dem Hören und dem Sprechen zu schaffen,
- Synergieeffekte bei der Entwicklung der beiden Fertigkeiten zu fördern,
- Spracherleben und gezieltes Sprachlernen zu berücksichtigen und
- zum Aufbau eines selbstbewussten Umgangs mit der Zielsprache beizutragen.

Literaturtipps

Asher, James J. (1969): The Total Physical Response Approach to second language learning. In: The Modern Language Journal 1, 3–17.

Bleyhl, Werner (2000): Fremdsprachen in der Grundschule. Grundlagen und Praxisbeispiele. Hannover: Schroedel.

Bruner, Jérôme S. (1974/1975): From communication to language – a psychological perspective. In: Cognition 3, 255–287.

Diehr, Bärbel (2003): Wo drückt der Kinderschuh? Beobachtungen, Überlegungen und Vorschläge zum Problem des Lernfortschritts im Englischunterricht der Grundschule. In: Englisch 3, 96–104.

Elias, Norbert (1970): Was ist Soziologie? München: Juventa.

Kieweg, Werner (2003): Mentale Prozesse beim Hörverstehen. In: Der fremdsprachliche Unterricht Englisch 64/65, 18–22.

Klippel, Friederike (2000): Englisch in der Grundschule. Handbuch für einen kindgemäßen Fremdsprachenunterricht. Übungen, Spiele, Lieder für die Klassen 1 bis 4. Berlin: Cornelsen Scriptor.

Lhote, Elisabeth (Hrsg.) (1990): Le paysage sonore d'une langue, le Français. Hamburg: Helmut Buske (Etudes de phonologie, phonétique et linguistique descriptive du français; Vol. 4).

Maier, Wolfgang (1991): Fremdsprachen in der Grundschule. Eine Einführung in ihre Didaktik und Methodik. Berlin: Langenscheidt.

Oxford, Rebecca L. (1990): Language learning strategies: what every teacher should know. Boston; Mass.: Heinle & Heinle.

Rothe, Claus/Werlen, Erika (2004): Befragung von Lehrerinnen und Lehrern an Pilotschulen zur Fremdsprache in der Grundschule. Berichte des Landesinstituts für Erziehung und Unterricht (Stuttgart), Ref. I/2, Bericht 03/15.

Ryan, Peter (2002): Aufmerksamkeit trainieren – wie geht das? Mülheim an der Ruhr: Verlag an der Ruhr.

Sambanis, Michaela (2005): Aussprachephänomene: Ein Vorschlag zu gezieltem Üben. In: Primary English 1, 4–6.

Sambanis, Michaela (2007): Sprache aus Handeln. Englisch und Französisch in der Grundschule. Landau: VEP – Verlag Empirische Pädagogik (LSKK, Band 14).

Segermann, Krista (2001): Das „Europäische Portfolio der Sprachen“ und der „Sprachen-Pass“. Wie misst man die fremdsprachlichen Kompetenzen der Bürger Europas? In: Englisch 4, 121–129.

5 Schrifteinsatz im Englischunterricht

Michael Duscha

Bislang wurde das Thema, ob und wie die Schrift im primaren Fremdsprachenunterricht eingesetzt werden kann, sehr kontrovers diskutiert, und es gibt erst eine neuere Untersuchung (Duscha 2007), die den Schrifteinfluss in der dritten Jahrgangsstufe empirisch untersuchte. Hingegen liegen für die Jahrgangsstufen 1 und 2 dazu bislang keine Untersuchungen vor. Stellungnahmen zu dem Thema basieren auf Erfahrungswerten, Meinungen und Rückschlüssen. So ist es nicht verwunderlich, dass sich die Fachleute nicht einig sind.

Dagegen spricht vor allem die befürchtete Beeinträchtigung der gesprochenen durch die geschriebene Sprache (z. B. durch falsche Aussprache, Betonung und Sprechrhythmus). Auch möglicher Leistungsdruck und Zeitverlust durch die zusätzliche Beschäftigung mit der Schrift werden als Argumente dagegen genannt.

Dafür sprechen hingegen die Prinzipien des ganzheitlichen, autonomen Lernens. Abwechslung im Unterrichtsalltag und differenzierte Unterrichtsaktivitäten werden durch den Schriftgebrauch erleichtert. Ein weiteres wichtiges Argument für die Schrift ist die visuelle Lernunterstützung. Zudem müssen bei zeitlich stark versetztem Einsatz der Schrift Inhalte zu einem späteren Zeitpunkt erneut aufgegriffen werden. Dies bedeutet einen zeitlichen Verlust für den Unterricht.

Wissenschaftliche Erkenntnisse

Die Fremdsprachendidaktik und die ihr benachbarten Wissenschaften Sprachwissenschaft, Psychologie und Erziehungswissenschaft betrachten die Frage nach dem Einsatz der Schrift aus ihrem jeweiligen Blickwinkel und liefern wertvolle Erkenntnisse, die man bei der Gestaltung des Unterrichts berücksichtigen sollte.

Fremdsprachendidaktik

- Ein regelrechter Lese- und Schreiblehrgang ist für die Grundschule ungeeignet.
- Seit einigen Jahren ist aber das Bestreben erkennbar, die Schrift als unterstützendes Element einzusetzen.
- Ein Verzicht auf Schrift birgt die Gefahr, dass die Kinder sich zur Gedächtnisunterstützung ihr eigenes grafisches Bild erfinden, das dann auf den Konventionen der deutschen Sprache beruht.
- Die quantitative und qualitative Differenzierung des Unterrichts profitiert vom Einsatz der Schrift. Mit ihr stehen Mittel zur Verfügung, die das Vertiefen, das Wiederholen, das selbstständige Aneignen und Üben und den Wechsel der Tätigkeiten erleichtern bzw. erst ermöglichen.
- Eine kontinuierliche Fortführung des Englischunterrichts in den weiterführenden Schulen kann nur gewährleistet werden, wenn ein gewisses Maß an Schriftkenntnis bei den Lernern bereits vorhanden ist. Anderenfalls müssen bereits behandelte Inhalte erneut aufgegriffen werden, um die Schrift zu ergänzen.

Sprachwissenschaft

- Schrift ist ein Teil von Sprache, denn sie ist einer von zwei Kodes, in denen Sprache dargestellt wird. Die schriftliche Fixierung von Sprache ist ein Bildungsmedium.
- Die Gewichtung von geschriebener und gesprochener Sprache wird unterschiedlich bewertet. Allgemein existiert aber der Konsens, dass den primaren Fertigkeiten des Hörens und Sprechens der Vorzug zu geben ist (Primat des Mündlichen).

Psychologie

- Schrift ist ein Hilfsmittel, um gesprochene Sprache zu gliedern.
- Bei der Nutzung der fremdsprachlichen Schrift kommt es zwangsläufig zu Lernübertragungen, die negativer aber auch positiver Art sein können. Die Schrift kann also z.B. die korrekte Aussprache behindern, weil die Kinder falsche (deutsche) Ausspracheregeln zugrunde legen. Doch diese Regeln führen nicht immer zu fehlerhafter Aussprache, sondern können sich auch als förderlich herausstellen.
- Untersuchungen haben gezeigt, dass gerade der negative Transfer altersunabhängig ist – wann Schriftbenutzer sich dieser Gefahr aussetzen, ist daher unwesentlich.
- Ein regelrechter fremdsprachlicher Leselernprozess sollte aus Sicht der Psychologie allerdings erst nach Abschluss des muttersprachlichen lie-

gen. Damit ist aber nicht die unterstützende Verwendung von Schrift gemeint.
- Mit der Technik des klassischen Konditionierens ist es möglich, die korrekte Aussprache mit einem bislang unbekannten Schriftbild zu verknüpfen.

Erziehungswissenschaft
- Autonomes Lernen bedarf der Schrift.
- Ein Vorenthalten der Schrift stößt bei Lernern oft auf Unverständnis und ist daher oftmals schädlich für die positive Einstellung der Kinder zur Zielkultur. Im Sinne der Friedenserziehung nimmt die Schrift hier eine wichtige Stellung ein.

Einfluss der Schrift auf das Fremdsprachenlernen

Eine empirische Untersuchung zum Einfluss der Schrift auf das Fremdsprachenlernen erforschte, wie sich die Verwendung von Schrift auf die Leistungen im Fach Englisch bei Lernanfängern der dritten Klasse auswirkte (Duscha 2007). Knapp 200 Kinder aus verschiedenen Schulen lernten im gleichen Zeitraum genau die gleichen Inhalte, wobei die eine Hälfte der Kinder (5 Klassen) mit Schrift arbeitete, die andere Hälfte ohne. Es wurden die Lernbereiche untersucht, auf welche eine Einflussnahme der Schrift angenommen wird: Behaltensfähigkeit von Gedichten und Vokabeln, Aussprache, Hörverständnis und freies Sprechen.

In keinem dieser Bereiche konnte ein negativer Einfluss der Schrift festgestellt werden. Im Gegenteil waren die Leistungen der Kinder, die Inhalte mit Schriftunterstützung lernten, in allen Bereichen besser, in den Bereichen „Behaltensfähigkeit" und „freies Sprechen" sogar signifikant besser als die der Kontrollgruppe.

Diese Ergebnisse sind sicher nicht einfach auf den Englischunterricht in den Klassen 1 und 2 übertragbar. Trotzdem lassen sich wichtige Erkenntnisse für das Fremdsprachenlernen allgemein gewinnen, welche wertvolle Grundlagen für didaktisch-methodische Entscheidungen sind:

Die Kenntnis des Schriftbildes
- verbessert die *Behaltensfähigkeit* von Vokabeln und Gedichten. Je ähnlicher sich Lautung und Schreibung der zentralen Wörter sind, desto positiver wird die Behaltensfähigkeit beeinflusst.
- hat keine negativen Auswirkungen auf die *Aussprache* von Wörtern. Tat-

sächlich legt die Auswertung der Untersuchungsergebnisse die Vermutung nah, dass gerade Wörter, deren Schreibung deutlich von ihrer Aussprache abweichen, besser ausgesprochen werden als ohne Kenntnis des Schriftbildes.

- hilft bei der Segmentierung von gehörten Sätzen (*Hörverstehen*). Gerade umfangreichere Satzmuster können besser in ihre Bestandteile zerlegt werden und werden so leichter verstanden.
- verleiht eine größere Flexibilität im *freien Sprechen*. Satzmuster werden besser durchschaut und das Formulieren eigener Sätze wird erleichtert.

Diese Ergebnisse basieren auf einem Unterricht, der folgenden Grundsätzen folgte:
Schrift wird zunächst ausschließlich rezeptiv eingesetzt. Sie wird nicht zum expliziten Unterrichtsinhalt, sondern wird additiv – als eine mögliche Lern- und Merkhilfe – angeboten.

Verwendung von Schrift muss mit den Kindern ein Mal etwas ausführlicher besprochen werden. Ihnen muss klar sein, dass sie die gerade gelernten Konventionen, die für den Schriftgebrauch in der Muttersprache gelten, nicht ohne weiteres anwenden können. Den Kindern muss man verdeutlichen, dass die richtige Aussprache nicht immer aus dem Schriftbild abgeleitet werden kann.

Die Schrift ist eine Erinnerungshilfe – und als diese werden die Schüler sie gebrauchen. Sie orientieren sich an den Anfangsbuchstaben, an der Wortlänge und am Schriftbild. Das Wort, das mit „a" beginnt, kann nur *apple* sein, wenn ansonsten noch *banana, lemon, nut, pear* und *plum* zur Auswahl stehen.

▶ Es ist von besonderer Wichtigkeit, dass die Aussprache stets hinreichend gesichert ist, bevor die Kinder das Schriftbild kennenlernen. ◀

Wenn die Kinder die richtige Aussprache kennen und wissen, dass die Schreibung nicht nach deutschen Regeln in Lautung übersetzt werden darf, unterstützt die Schrift das Lernen. Wichtig ist gerade zu Beginn des primaren Fremdsprachenunterrichts, dass die Schrift nicht der Hauptrepräsentant oder gar die alleinige Visualisierung von Wörtern bleibt. In der Zeit, in der die generelle Lesefertigkeit der Kinder noch nicht vollständig entwickelt ist, muss ihnen die Möglichkeit gegeben werden, Inhalte auch ohne Schrift zu lernen. Gleichzeitig sollte sie aber stets als Angebot für eher visuelle Lerntypen bereitgehalten werden.

Das Schriftbild behutsam in den Unterricht integrieren

In einem Fremdsprachenunterricht, dessen Beginn in der ersten Jahrgangsstufe liegt, ist es empfehlenswert und nicht schädlich, in den ersten Wochen und Monaten auf den Einsatz von Schrift zu verzichten. So können die Kinder Arbeitsweisen, Spiele, Rituale und Gepflogenheiten des Faches kennenlernen und merken, dass Lernen hier hauptsächlich über Hören und Sprechen, Bewegung und Gestik geschieht.

In ihrem Alltag werden auch schon die Schulanfänger oft mit englischen Schriftbildern konfrontiert. Sei es auf ihren Spielsachen, auf ihrer Kleidung oder in der Werbung. Da sie gerade das Lesen als ein Mittel zur Eroberung der Welt entdecken, werden sie zwangsläufig auf Wörter stoßen, deren Aussprache sie sich nicht erschließen können. Hier empfiehlt sich ein unverkrampfter Umgang mit der Schrift, der Kindern ermöglicht, ihre Erfahrungen einzubringen, der Schrift nicht verbietet, der sie aber zunächst noch nicht zum Unterrichtsgegenstand macht.

Nach einiger Zeit kann das Schriftbild dann behutsam in den Unterricht integriert werden. Der genaue Zeitpunkt ist schwer festzulegen und hängt stark von der jeweiligen Lerngruppe ab. Mit zunehmender Zeit fragen und/oder verlangen die Lerner erfahrungsgemäß immer öfter nach der Schrift. Durch die additive Verwendung von Schrift ist es nicht notwendig zu warten, bis alle Kinder explizit nach ihr verlangen. Wer nicht mit ihr arbeiten kann oder möchte, ist nicht auf sie angewiesen. Er erhält genügend Unterstützung durch Bilder, Mimik, Gestik usw.

Der rezeptive Einsatz von Schrift

Er geschieht zunächst in Form von Schriftkarten, die den bereits bekannten und mit der Aussprache (und falls möglich mit Gestik) verknüpften Bildkarten zugeordnet werden. Die rezeptive Verwendung von Schrift sollte dabei einer Progression mit steigendem Anspruch folgen. Zur Veranschaulichung soll hier ein traditionelles Herbstgedicht dienen:

Stufe 1: Verknüpfung von Schrift mit Bild und Gestik
Nachdem Bild, gesprochener Text und Bewegung durch unterschiedliche Übungen miteinander verknüpft wurden, kann man in einer Folgestunde (nach erneutem Aufsagen des Gedichts) die Schrift hinzunehmen. Die entsprechenden Karten werden den Bildern zugeordnet und die Wörter/das Gedicht immer wieder gesprochen.

Gedicht	als Bilder	als Bewegung	als Schrift
Down, down		Arme heben, dann nacheinander fallen lassen	down down
the leaves fall down	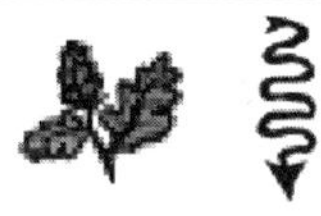	Hände vor das Gesicht, langsam nach unten führen, dabei mit den Fingern wackeln	leaves down
yellow and brown	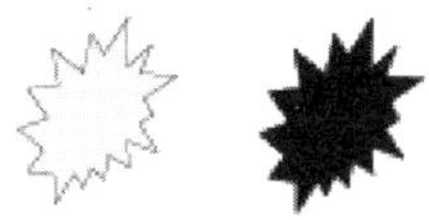	Arme hängen nach unten oder zeigen jeweils auf etwas Gelbes und Braunes (z. B. Buntstifte)	yellow brown
all over the town.	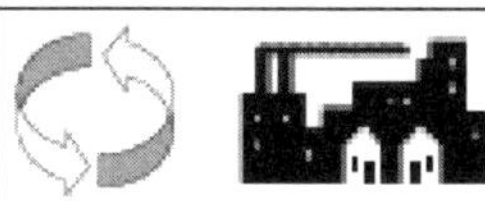	Arm beschreibt einen Kreis über dem Kopf	all over town

Konzept nach MacDonald Barkei 2000

Stufe 2: Verbindung von Bild mit Schrift
Schriftkarten werden den Bildkarten zugeordnet: Das Gedicht hängt – durch Bildkarten repräsentiert – an der Tafel (oder die Diabilder liegen auf dem OHP). Eine Schriftkarte (entweder in der Reihenfolge des Gedichts oder auch beliebig) wird kurz gezeigt. Dabei sollte darauf geachtet werden, dass die Kinder keine Zeit haben, das ganze Wort zu erlesen, sondern dass sie das Schriftbild ganzheitlich erfassen. Sie können sehr schnell vom Wortanfang, ebenso wie von der Wortlänge, auf das Wort schließen. Oft reicht es auch, zunächst nur den oder die Anfangsbuchstaben zu zeigen: *ye* … bedeutet für die Kinder sofort *yellow*. Die richtige Aussprache ist dann bei den Kindern bereits aktiviert, wenn das Schriftbild im Ganzen gezeigt wird. Das Risiko falscher Aussprache wird so minimiert. Wenn die Schrift dann zu sehen ist, wird das Wort noch mehrfach (nach)gesprochen.

Stufe 3: Verbindung von Schrift mit Bild
Die Bildkarten werden den Schriftkarten zugeordnet. Wenn alle Bilder und Schriftkarten an der Tafel hängen, kann man die Bilder abnehmen und einzeln den Schriftkarten wieder zuordnen. Dazu werden sie den Kindern in beliebiger Reihenfolge gezeigt, von ihnen benannt und dann entweder von einem Kind an die richtige Stelle (also zur passenden Schriftkarte) gehängt. Oder die Schriftkarten sind nummeriert und ein Kind kann die An-

weisung geben: *yellow – no. 5*. Erstere Variante bedeutet mehr Bewegung für die Kinder, und die Leitung dieser Übung (Zeigen der Karten und Aufrufen des nächsten Kindes) ist gut an die Lerner abzugeben. Die zweite Variante bietet sich an, wenn noch etwas Steuerung notwendig ist oder die Übung zügiger durchgeführt werden soll.

Stufe 4: Lesen bekannter Füllwörter
Die Kinder erhalten ein Arbeitsblatt, auf welchem das Gedicht geschrieben steht. Die Kinder ordnen den acht zentralen Wörtern die Bildkarten zu. Für die Füllwörter *the*, *fall* und *and* sind keine Verbildlichungen vorgesehen. Sie sind den Kindern aber durch die vorherige umfassende Behandlung des Gedichts bekannt und können daher auch ohne Bild „mitgelesen" werden.

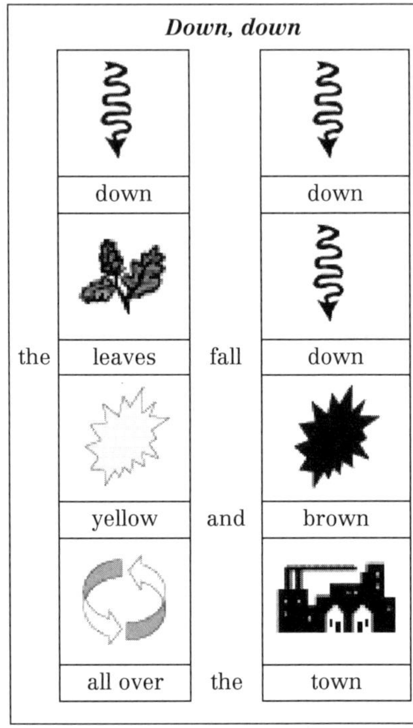

Arbeitsblatt zum Gedicht Down, down

Stufe 5: Gleichzeitige Präsenz von Bild und Schrift auf einer Karte
Ist die Lautung eines Wortes gesichert und mit der Schrift verknüpft, können Bild und Schrift von nun an gemeinsam verwendet werden. Zu diesem Zweck wird das Schriftbild auf dem vorhandenen Vokabelbild fixiert. Das gilt für das Lehrermaterial genauso wie für die Vokabelkarten der Kinder.

Als Weiterführung können vorgegebene Sätze mit direkter und indirekter Bildunterstützung gelesen werden. (Direkt: Über einem geschriebenem Satz werden die zentralen Vokabeln visualisiert. Indirekt: Die visualisierten Wörter befinden sich auf dem Blatt mit den geschriebenen Sätzen, jedoch gruppiert und nicht über jedem einzelnen Wort.) Letztlich können die Kinder z. B. mit Hilfe von Satzpattern in die Lage versetzt werden, eigene Sätze zu formulieren: Die zentralen Wörter (z. B. *apple, banana, in, on, table, cupboard* usw.), die mit Bild und Schrift auf einem Arbeitsblatt visualisiert sind, werden beliebig in Satzmuster eingefügt und damit eigene Sätze formuliert (z. B. *The apple is on the table. The banana is in the cupboard.* usw.).

Der produktive Einsatz von Schrift

Dieser beschränkt sich in den ersten Lernjahren auf das Aufkleben von Wortkarten, das Nachschreiben gepunkteter Linien und das Abschreiben einzelner Wörter von Vorlagen. Die Übungen dazu steigen ebenfalls im Schwierigkeitsgrad an, gehen aber in der Regel über Einsetzübungen bei gleichzeitiger Präsenz des Schriftbildes nicht hinaus. Die Schulung des Schreibens aus dem Gedächtnis würde mehr Zeit in Anspruch nehmen, als im Englischunterricht der Grundschule zur Verfügung steht.

Stufe 1: Zuordnung vom Bild zum Wort
Die Bildkarten werden ausgeschnitten, eventuell für einige Spiele und Übungen benutzt und anschließend auf ein Arbeitsblatt geklebt, auf dem die entsprechenden Wörter bereits geschrieben stehen.

Stufe 2: Zuordnung vom Wort zum Bild
Die Wortkarten werden ausgeschnitten und den passenden Bildern zugeordnet.

Stufe 3: Nachschreiben von gepunkteten Linien
Direkt unter oder neben den Vokabelbildern findet sich das Wortbild aus gepunkteten Buchstaben. Sollen diese Arbeitsblätter selbst erstellt sein, benötigt man eine entsprechende Schriftart für den Computer. Diese findet man meist in kommerziellen Schulschriftenpaketen. Diese bieten dann die Möglichkeit, z. B. Druckschrift oder verschiedene Schreibschriften entsprechend darzustellen.

Stufe 4: Wortteilergänzungen
Bei gleichzeitiger Präsenz des vollständigen Wortes kann es sinnvoll sein, bestimmte Wortteile ergänzen zu lassen. Zu Anfang dieser Stufe sollte sich das auf Wortteile beziehen, bei denen positive Lernübertragungen zu erwarten sind (Einsetzen von *p* in *_encil*), später können schriftsprachliche Besonderheiten hervorgehoben werden (Einsetzen von *oo* in *sch_ _l;* Unterscheidung zwischen *th* und *se* bei *mon_ _*).

Weitere Stufen wie das Abschreiben ganzer Wörter vom Arbeitsblatt, vom OHP oder von der Tafel sowie das Einsetzen ganzer Wörter nach Vorlage in Satzmuster sollten erst nach längerer Behandlung der ersten Stufen erfolgen.

Vokabelkarten mit Schrift

Eine zentrale unterrichtspraktische Möglichkeit, den additiven, rezeptiven und produktiven Schrifteinsatz zu integrieren, bieten Vokabelkarten mit Schrift (Duscha 2007,308).

Die Lerner erhalten mit solchen Karten eine Erinnerungshilfe, mit der sie auf vielfältige Weise umgehen können: Die Karten, zunächst ohne Schrift versehen, werden bei diversen Spielen und Übungen eingesetzt (vgl. S. 33 ff.). Nach Festigung des Lautbildes können die Karten differenziert mit Schrift versehen werden: Entweder erhalten die Kinder das Schriftbild auf passenden Karten, welche sie ausschneiden und aufkleben, oder sie können die entsprechenden Wörter von einer Vorlage abschreiben.

Autarkes Vokabellernen
Beim autarken Vokabellernen schließlich hält der Schüler alle Karten als Stapel in einer Hand und deckt mit dem Daumen das Textfeld ab. So kann er die Bilder benennen und sich anschließend beim Ablegen der Karte selbst überprüfen. Weiterhin rückt das hochkant ausgerichtete Textfeld das Vokabelbild stärker in den Fokus und tritt daher in seiner Wichtigkeit hinter der Zeichnung zurück. Die Verwendung einer Bildkartei sichert das Gelernte auf lange Zeit und ermöglicht den Kindern die Arbeit an Inhalten, ohne auf die Hilfe der Englischlehrkraft angewiesen zu sein. Die Schrift nützt den Lernern dabei als Erinnerungshilfe und visuelle Unterstützung. Solche Phasen des selbstbestimmten Lernens bringen für alle Beteiligten Abwechslung in den Unterrichtsalltag und ermöglichen den Lehrkräften noch stärker differenzierte Unterrichtsaktivitäten.

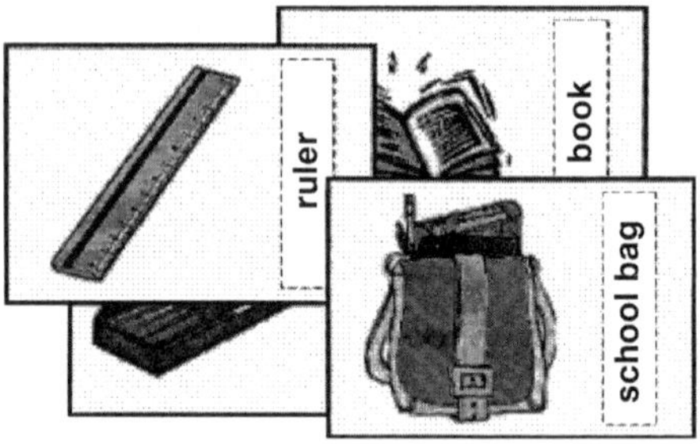

Diese gemeinsame Verwendung von Schrift und Bild entspricht dem Grundsatz, dass Schrift zunächst immer in Verbindung mit anderen Visualisierungen Verwendung finden sollte. Sollen zu einem späteren Zeitpunkt Schrift und Bild getrennt voneinander benutzt werden, bietet sich z.B. ein Memoryspiel mit Diarahmen an (vgl. S. 37).

Dabei werden die zusammengehörigen Wort- und Bilddias als zusätzliche Hilfe mit gleichfarbigen Hintergründen versehen.

Zusammenfassend lässt sich festhalten, dass Schrift im fremdsprachlichen Anfangsunterricht keine zentrale Rolle einnehmen darf. Mit zeitlichem Versatz und methodisch durchdacht eingesetzt kann sie den Englischunterricht bereichern und vielen Kindern zusätzliche Unterstützung beim Englischlernen geben. Ein unverkrampfter Umgang ermöglicht einen ganzheitlichen Zugang zur neuen Sprache.

Literaturtipps

Duscha, Michael (2007): Der Einfluss der Schrift auf das Fremdsprachenlernen in der Grundschule. Braunschweig: http://www.digibib.tu-bs.de/?docid=00021088

Hermes, N./Heuer, N./Kahl, N. (Hrsg.) (1994): Englisch. Zeitschrift für Englischlehrerinnen und Englischlehrer. 29. Jahrgang. Berlin: Cornelsen Verlag.

Macdonald Barkei, Mairi (2000): Autumn activities 1. In: Sprachen in der Grundschule – Einfach anfangen. Unterrichtsservice. Leipzig: Ernst Klett Grundschulverlag GmbH.

Waas, Ludwig (1994): Die Rolle des Schriftbildes im Englischunterricht mit Grundschulkindern. In: Englisch. Zeitschrift für Englischlehrerinnen und Englischlehrer. Heft 1, S.1–4.

6 Soll auch gelesen werden?

Hans Bebermeier und Ursula Stoll

Sollen Kinder, die sich gerade im Alphabetisierungsprozess der deutschen Sprache befinden, auch im Englischunterricht bereits mit Schriftbildern konfrontiert werden? Werden sie durch die andere und dazu noch sehr viel kompliziertere Laut-Phonem-Zuordnung im Englischen nicht völlig verunsichert (BLEYHL 2000)? Verlässliche Ergebnisse liegen zu dieser Frage noch nicht vor. Allerdings: Beobachtungen und Erfahrungen aus dem bilingualen Englischunterricht (z. B. in der Claus-Rixen-Schule in Altenholz bei Kiel) zeigen bei den Kindern keine Auffälligkeiten und Störungen im Lese- und Schreibverhalten durch frühen Kontakt mit englischen Schriftbildern (FISCHER 2007).

Während sich einige Bundesländer wie Baden-Württemberg am Anfang auf die Entwicklung der mündlichen Fertigkeiten Hörverstehen und Sprechen beschränken und Leseverstehen und Schreiben erst ab Klasse 3 dazunehmen, soll in Nordrhein-Westfalen die Schriftlichkeit auch schon in der Schuleingangsphase ausdrücklich mit einbezogen werden.

Kinder haben unterschiedliche Erfahrungen mit Schriftlichkeit

Alle Kinder kommen mit je eigenen Vorerfahrungen im Umgang mit Schrift und ihrer Bedeutung in die Schule. Sie bringen in der Regel die Erfahrung mit, dass beim Lesen eine Buchstabenabfolge in Hörbares, in Klangbilder rückgeführt oder umgewandelt wird, dem eine Bedeutung innewohnt und entnommen werden kann. Aber sie befinden sich, wenn der Englischunterricht beginnt, auf unterschiedlichen Niveaustufen im Alphabetisierungsprozess.

Es gibt in den Klassen Kinder,
- die im Elternhaus und im Kindergarten vielfältige anregende Erfahrungen mit Schrift und Büchern in der deutschen Sprache oder in ihrer Herkunftssprache machen konnten,
- die in der Schule leicht und mit Freude das Lesen lernen,
- die bereits bei Schulbeginn (deutsch) lesen können und sich schon von Anfang an selbstständig mit Texten auseinandersetzen.

Es gibt aber auch Kinder,
- die kaum Kontakt mit Büchern hatten, die keine Lesevorbilder haben,
- denen das Lesenlernen Mühe bereitet und die immer wieder motiviert werden müssen,
- die sehr große Schwierigkeiten mit dem Lesenlernen haben und häufig Misserfolge erleben, die an ihrem Selbstwertgefühl nagen.

Daraus ergibt sich für den Englischunterricht:
- Gerade Kindern aus spracharmen Familien tut die neue Erfahrung gut, dass es spannend sein kann, sich mit Geschriebenem auseinanderzusetzen, dass Bücher interessant sind. Und sie brauchen Erfolge, wenn sie mit Schrift umgehen, aber keinen Leistungsdruck.
- Die Kinder werden allmählich an die Schrift herangeführt.
- Sie wird lernunterstützend verwendet.
- Sie wird differenzierend und optional eingesetzt: Die Kinder bekommen Angebote, auch mit Schriftbildern – passend zu den Themen des mündlichen Unterrichts – umzugehen und den Sinn von Geschriebenem zu erschließen.
- Lesen wird nicht (z. B. in Form von lautem Vorlesen) zur Leistungskontrolle eingesetzt; dies könnte vielen Kindern öffentliche Misserfolgserlebnisse bescheren.
- Laut gelesen wird nur Geübtes, meistens zu Präsentationszwecken.

Kinder bringen Vorerfahrungen mit

In der Lebenswirklichkeit begegnen den Kindern an vielen Stellen englische Schriftbilder:
- In TV-Kinderserien, die häufig aus dem englischsprachigen Raum kommen (z. B. „Disney's kleine Einsteins", „Sponge Bob" aus den USA; „Bob, der Baumeister" und „Feuerwehrmann Sam" aus Großbritannien), sind Aufschriften auf Gebäuden und auf Gegenständen zu sehen.

- In der Werbung (in Prospekten, auf großen Werbeflächen im Straßenbild, im Fernsehen) werden englische Begriffe oder ein Mix aus Deutsch und Englisch verwendet.
- Auf Alltagsgegenständen und Kleidungsstücken (z.B. als T-Shirt-Aufdruck) begegnen den Kindern einzelne Wörter, Slogans und kurze Texte.
- Diese Vorerfahrungen wird die Lehrerin im Unterricht nicht ignorieren, sondern sie aufgreifen und auch nutzen.

Schrift unterstützt nachhaltiges Lernen

Da die Kontaktzeit mit der Fremdsprache (in der Regel zwei Wochenstunden) relativ kurz ist, die Kompetenzerwartungen für das Ende der Grundschulzeit hingegen recht hoch sind, brauchen die Kinder über den vielfältigen mündlichen Input hinaus weitere Unterstützung im Lernprozess. Durch Schrifteinsatz ist ein nachhaltigeres Lernen als bei ausschließlich mündlichem Unterricht möglich (SCHMID-SCHÖNBEIN 2001).

Schriftbilder
- dienen als Gedächtnisstütze, wobei manche Kinder sich anfangs nur an den Anfangsbuchstaben orientieren, um die Wörter aus dem Gedächtnis wieder abrufen zu können,
- sprechen zusätzliche Lernkanäle an (den visuellen und auch den haptischen z.B. beim Hantieren mit Wortkarten),
- erleichtern das Erkennen von Wortgrenzen und damit das Verständnis von Gehörtem,
- helfen, bei Klangähnlichkeiten den richtigen Laut zu hören (*glue, not blue*),
- dienen der Ausspracheschulung, um z.B. bei *pig, dog* den stimmhaften Auslaut bewusstzumachen,
- tragen dazu bei, dass die Eltern Gelerntes eher nachvollziehen und den Lernprozess besser begleiten können.

Vorschläge zum Lesen

- Schriftbilder sind von Anfang an präsent
  Die Kinder werden im Unterricht von der ersten Englischstunde an „natürlich“ an Schrift herangeführt, d.h., Schriftbilder werden nicht krampfhaft durch Abkleben oder dgl. ausgeschlossen, sondern sie begegnen den

Kindern, ohne dass sie zunächst thematisiert werden z. B.:

- in der *English corner* des Klassenzimmers, als Buchtitel, in einem englischsprachigen Kalender, auf authentischen Plakaten und Postern, als Untertitel zu Fotos,
- wenn die Lehrperson aus authentischen Bilderbüchern (z. B. *Five little monsters went to school, Brown Bear*) vorliest und die Kinder zusammen mit den Bildern auch das Geschriebene sehen,
- beim eigenen Stöbern in englischen Bilderbüchern beim offenen Unterrichtsbeginn, in Freiarbeitsphasen oder zu Hause, wenn die Bücher ausgeliehen werden.

Dadurch ergibt sich eine natürliche Differenzierung: Einige Kinder setzen sich bereits mit den Schriftbildern auseinander und versuchen, sie zu lesen, d. h. den Sinn zu erschließen oder auch zu erfragen. Andere sehen über die Schriftbilder einfach hinweg. Kinder, die versuchen, die Bedeutung herauszubekommen, nutzen Ähnlichkeiten zu deutschen Wörtern, die Illustrationen, ihr Weltwissen. Damit wenden sie bereits Erschließungsstrategien an, die im Unterricht im Lauf der Zeit in einfacher Form thematisiert werden. Nach der ersten mündlichen mehrwöchigen Einhörphase werden dann nach und nach Schriftbilder in den Unterricht einbezogen.

- Vorerfahrungen aufgreifen, um sie zu würdigen und zur Anbahnung von *language awareness* zu nutzen

Die Kinder suchen englische Wörter in ihrer Lebenswirklichkeit, in Zeitschriften, in Prospekten, kleben sie auf Plakate auf und stellen sie vor. Dabei werden sicher schon viele Wörter (z. B. *be Four*), die den Kindern in der Werbung auch im Klangbild begegnen, richtig gesprochen, weil sie ganzheitlich erfasst werden, andere aber in „eingedeutschter“ Aussprache, z. B. *toast*. Die Auseinandersetzung mit den Schriftbildern kann die Lehrerin zum Anlass nehmen, über die Andersartigkeit der englischen Sprache ins Gespräch zu kommen und *language awareness* anzubahnen.

In solchen Gesprächen wird den Kindern bewusst, dass

- die englische Sprache andere Laute hat als die deutsche,
- die Laute anders abgebildet werden als im Deutschen und damit die Schriftbilder sehr häufig nicht so sind, wie man es im Deutschen erwarten würde,
- das Zusammenschleifen von Lauten, d. h. die Technik des Erlesens, die die Kinder gerade im Deutschunterricht gelernt haben, nicht ohne weiteres auf das Englische übertragen werden kann,

- sie sich, wenn sie unsicher sind, Hilfe holen sollten, um die richtige Aussprache zu erfragen.

Während im Anfangsunterricht ansonsten überwiegend lauttreue Wörter im Schriftbild erscheinen, lässt sich das Bewusstsein für die Andersartigkeit am ehesten an von der deutschen Aussprache stark abweichenden Wörtern wecken.

Dabei kommt den Kindern zugute, dass sie im Deutschunterricht und durch außerschulische Kontakte mit Schrift bereits eine gewisse *language awareness* erworben haben. Sie haben in Bezug auf die deutsche Sprache schon erfahren, dass es eine 1 : 1-Zuordnung von Buchstabe(n) und Laut nicht gibt (z. B. unterschiedliche Klangqualitäten von Vokalen wie bei Ofen und Onkel, der gleiche Laut mit unterschiedlichen Buchstaben wie ks, chs, x geschrieben wird); und sie wissen, dass sich die richtige Aussprache der Buchstabenfolge und des Wortes oft erst im Wort- oder Textzusammenhang finden lässt.

- Lesekompetenz mit leichten und bedeutungsvollen Wörtern anbahnen

Beim Umgang mit Wortbildern, die als Gedächtnisstütze dienen sollen, ist es in der Schuleingangsphase sinnvoll, überwiegend kurze Wörter zu verwenden, die einigermaßen lauttreu sind (z. B. *pets: cat, dog, hamster*), und schwierigere (z. B. *budgie*) dann anzubieten, wenn die Kinder diese einfordern. Durch vielfältiges Hantieren mit Bild- und Wortkarten machen die Kinder in Zuordnungsübungen sowie in Spielen wie *Memory*, *Bingo*, *Happy families* Erfahrungen mit Geschriebenem, dessen Klangbild sie im Kopf haben. Einige Kinder erkennen dabei schon erste Muster und Regelmäßigkeiten der Schreibung.

- Schrift zur Organisation des Unterrichts nutzen

Im Unterricht erteilte mündliche Arbeitsanweisungen lassen sich durch Geschriebenes ergänzen: anfangs ausschließlich durch Piktogramme, zunehmend auch durch kurze schriftliche Anweisungen, z. B. *cut out, colour*. So werden die Kinder darauf vorbereitet, schriftliche Arbeitsaufträge für individualisierte Arbeitsphasen, Stationenlernen etc. selbstständig zu erschließen und umzusetzen.

- Kinder machen erste Erfahrungen mit einem Bild-Wörterbuch

Mithilfe von Bild-Wörterbüchern, die Wortschatz thematisch geordnet anbieten, können die Kinder die Wörter, die für sie besonders wichtig sind, die im Unterricht aber nicht vorkommen, nachschlagen. Sie bilden dabei Hypothesen, wie die Wörter gesprochen werden, sollten sich aber hinsichtlich der Aussprache bei der Lehrerin vergewissern. Viele Bild-Wörterbücher bieten auch eine digitale Fassung auf CD-ROM an, die das Klangbild bereitstellt.

- Zu Präsentationszwecken wird auch laut gelesen

Die Lehrerin präsentiert häufig kleine Texte wie *chants, rhymes, pocket stories* (s. Literaturtipps, S. 84) zu Bildern oder Bildfolgen. Die Kinder sprechen diese im Chor oder in Gruppen mit. Auf diese Weise lernen sie die Texte auswendig und imitieren Aussprache und Intonation ihrer Lehrerin. Solche gut geübten Texte können einzelne Kinder, die Freude daran haben, laut vor der Klasse oder einem Partner „vorlesen" – wobei sie den Text nicht wirklich lesen; er liefert lediglich als Gedächtnisstütze Anhaltspunkte für das Sprechen.

- Kinder lesen selbsterstellte „Bücher" vor

Bilderbuchklassiker (s. Literaturtipps S. 84) wie *Where's Spot, The very hungry caterpillar* und *Brown Bear*, die im Unterricht mehrfach vorgelesen und deren Texte die Kinder (in Teilen) mitsprechen, liefern Vorlagen für eigene Minibücher. In ihnen gestalten sie die Geschichten auf einfache Weise mithilfe von selbstgemalten oder zur Verfügung gestellten Bildern, einzelnen (vorgegebenen) Wörtern oder kurzen Sätzen nach oder um. Anschließend wird einem Partner oder einer Gruppe „vorgelesen" – was bei einigen Kindern auch ein Sprechen zu Bildseiten, auf denen kein einziges Schriftbild vorkommt, sein kann.

- Kinder lesen zunehmend auch für sich

Zur Differenzierung und um die Auseinandersetzung mit Büchern immer wieder anzuregen, stellt die Lehrerin in der Leseecke, der *English corner*, einfache Lesetexte, didaktisierte kleine Bücher, z. B. bebilderte Lesehefte und authentische Bilderbücher bereit, möglichst mit den entsprechenden Hörtexten auf CD. Im Mitleseverfahren (Brusch 2000) hören die Kinder allein oder zu zweit eine kleine Geschichte mit überwiegend bekanntem Wortschatz und verfolgen gleichzeitig den geschriebenen Text. Sie machen auf diese Weise ganzheitliche Erfahrungen in Bezug auf Klang- und Schriftbild und entwickeln bei dieser Art von Lesen keine Aussprachevorstellungen. Einige Kinder fangen bereits an, Aussprachemuster und gewisse Regelmäßigkeiten zu entdecken und Hypothesen zu bilden, wie englische Wörter, die ihnen im Schriftbild begegnen, klingen könnten.

Fazit

Kinder profitieren auch schon in den beiden ersten Schuljahren davon, wenn die Lehrerin ihnen englische Schriftbilder anbietet. Aber sie sollten genügend Zeit bekommen, sich daran zu gewöhnen, und ausreichend Hilfe und Bestätigung erhalten, damit sie Erfolge erleben. Lesen soll – auch in der Fremdsprache – in der Schule, zu Hause und möglichst ein Leben lang Freude bereiten. Dieses Ziel lässt sich nur durch vielfältige motivierende Angebote erreichen.

Literaturtipps

Bleyhl, Werner (2000): Fremdsprachen in der Grundschule – Grundlagen und Praxisbeispiele. Hannover: Schroedel.

Brusch, Wilfried (2000): Englisch vom ersten Schultag an. In: Grundschule 6/2000. Braunschweig: Westermann.

Fischer, Uta (2007): Bilinguales Lernen – Von Herausforderungen und Chancen. In: Grundschule 4/2007. Braunschweig: Westermann.

Schmid-Schönbein, Gisela (2001). Didaktik: Grundschulenglisch. Berlin: Cornelsen.

Toase, Tina/Weinrich, Ingrid (2001): Pocket stories 1und 2. Oberursel: Finken.

Kinderbücher:

Carle, Eric (1995): Brown Bear, Brown Bear, What Do You See? London: Penguin Books (1. Auflage 1967).

Carle, Eric (2002): The Very Hungry Caterpillar. London: Puffin Books (1. Auflage 1969).

Hill, Eric (1980): Where's Spot? London: Puffin Books.

Lanczak Williams, Rozanne (1996): Five little monsters went to school. USA: Creative Teaching Press.

7 Leistungsmessung

Markus Kötter

Leistung ist das Sichtbarwerden von Wissen und von Können. Dank CHOMSKY wissen wir aber auch, dass das Verhältnis zwischen Performanz und Kompetenz weit komplexer ist, als man auf den ersten Blick vermuten würde. Wenn jemand etwas sagt oder tut, dann basiert das auf seiner Kompetenz. Ob diese Äußerung oder Handlung ein zuverlässiges Bild davon vermittelt, was jemand wirklich weiß oder kann, hängt jedoch von weiteren Faktoren ab. Hierzu zählen zum einen Erfahrung und die Vertrautheit mit einer bestimmten Situation. Wichtig sind aber auch zum anderen Risikobereitschaft und Mut, die An- oder Abwesenheit vertrauter Personen und die aktuelle Verfassung einer Person, z.B. Anspannung oder Nervosität. Berücksichtigt man jetzt noch, dass Sprecher sich längst nicht immer sorgfältig überlegen, was sie sagen, sondern dass Äußerungen oft spontan formuliert werden, und dass Sprecher dabei häufig auf auswendig gelernte Muster zurückgreifen, so wird noch deutlicher, wie wenig die Performanz eines Sprechers mit seiner Kompetenz übereinstimmen muss. Für Leistungsmessung im Sprachunterricht gilt deshalb, dass einzelne Aussagen nur einen minimalen Einblick in das Wissen bzw. Können eines Sprechers erlauben. Erst durch das Sammeln von Beobachtungen und eine Vielzahl von sog. *fresh starts* entsteht eine solide Basis für die Bewertung eines Lerners.

Zwei unterschiedliche Konzepte von „Leistung"

Nun könnte man allerdings auch fragen, ob das Augenmerk gerade im Anfangsunterricht überhaupt auf sichtbaren Ergebnissen von Lernen liegen soll, oder ob es in Klasse 1 und 2 nicht vielmehr um die Anbahnung eines Grundverständnisses für und von Sprache gehen muss. Folgt man dieser Einschätzung, dann bestünde Leistung vor allem in der Bereitschaft zur Auseinandersetzung mit Unbekanntem. Es ginge um Ambiguitätstoleranz, also um die Bereitschaft, sich trotz eigener Schwierigkeiten um die Teilnahme an einem Gespräch oder um das Verstehen einer Geschichte zu bemühen. Und es ginge darum, einen Grundstock an Strategien und Techniken zur Verständnissicherung zu erwerben und diesen in konkreten Situationen anzuwenden.

Operiert man mit solch einem *dynamischen* Begriff von Leistung, so wird nicht weniger wichtig, dass Lerner bald die englischen Namen möglichst vieler Dinge und Eigenschaften kennen und angemessen aussprechen sollen. Weil Sprach(en)lernen zum Ziel hat, dass Menschen sich miteinander verständigen, ist dies jedoch nur der erste Schritt. Genauso wichtig wie die Produkte sind die Abläufe, die zum Aufbau der Kenntnisse und Fertigkeiten der Lerner beigetragen haben und somit ein Leistungsbegriff, der ausdrücklich auch die Gestaltung von bzw. Teilnahme an Lehr- und Lernprozessen einschließt.

Die Funktionen und die Notwendigkeit von Leistungsmessung

Leistungsmessung dient mindestens drei Zwecken:

- Erstens leistet sie einen essentiellen Beitrag zur *Dokumentation* von Lehr- und Lernprozessen.
- Zweitens bildet sie die Grundlage zur *Evaluation* dieser Prozesse und der Umstände, unter denen sie stattfinden.
- Und drittens stärkt sie – im Idealfall – die *Motivation* aller Beteiligten, weil sie sichtbar macht, was schon alles erreicht worden ist.

Leistungsmessung – noch eine Ausnahmesituation

Wichtig bei Leistungsmessung im Frühbeginn ist jedoch auch, dass Tests für die Kinder bei Schuleintritt trotz Besonderheiten wie etwa dem seit 2007 in Nordrhein-Westfalen für alle Vierjährigen obligatorischen Sprachtest „Delfin4“ eine Ausnahmesituation darstellen. Wenn ihre Ergebnisse etwas taugen sollen, wird man darum – besonders bei auch äußerlich als solchen erkennbaren Tests – stets einen Einstieg wählen, der die Bedenken und Ängste der Kinder abbaut, indem man z. B. primär das Spielerische der Situation in den Vordergrund stellt. Überdies empfiehlt es sich, kontextualisiert zu testen und auf ein isoliertes Abprüfen von einzelnen Lauten, Wörtern oder Sätzen so weit wie möglich zu verzichten. Gerade weil Leistungsmessung für viele Kinder noch neu ist, kann die Art und Weise, wie sie an das

Thema herangeführt werden, im Einzelfall sehr langlebige Folgen haben. Werden Tests als Sanktionsmittel eingesetzt bzw. von den Schülern als solche wahrgenommen, dann ist das Thema Leistungsmessung von Anfang an negativ besetzt. Werden Tests hingegen so durchgeführt, dass sie als natürlicher Begleiter von Lernen erscheinen, dann fördert dies erstens den Gedanken, dass man beim Lernen Fortschritte macht und dass die Testergebnisse gleichsam der Lohn für diese Mühen sind. Zweitens etabliert z.B. die Arbeit mit Portfolios oder mit Lerntagebüchern die Selbstverständlichkeit der Dokumentation und Reflexion der eigenen Leistung.

- Wie soll Leistungsmessung im Englischunterricht der Klasse 1 und 2 aber konkret aussehen?
- Welche Verfahren sind kindgerecht und trotzdem anspruchsvoll genug, neben den Ergebnissen von Lernen und von Unterricht auch den Weg beurteilen zu können, der zu diesem Ziel geführt hat?
- Und was gilt es überdies im Blick zu behalten, damit die erzielten Resultate *valide* und *reliabel* ausfallen, d.h. damit wirklich (nur) das erfasst wird, was gemessen werden soll, und damit die Messung zugleich so genau wie möglich ausfällt?

Ein Schlüsselaspekt von Sprachunterricht, den man sich viel zu selten bewusstmacht, ist, dass im Grunde jede Äußerung der Lehrperson, jedes Vorspielen oder Vorlesen von Texten und jeder Beitrag zu einen Gespräch eine eigene Testsituation konstituiert. Wenn man jemandem einen Text darbietet, so testet man, ob man selbst oder das, was man vorspielt, vom anderen verstanden wird. Man bemüht sich, anhand der Reaktion des Gegenübers zu erkennen, ob er einem folgen kann. Und wenn der Text Ausgangspunkt oder Teil eines Dialogs ist, so will man überdies herausfinden, ob der Gesprächspartner in der Lage ist, sprachlich – oder zumindest nonverbal – zu reagieren.

Nahezu alle gängigen Unterrichtsmaterialien zum Frühbeginn implizieren, dass dieser vier Hauptanliegen verfolgt, nämlich:

- die *Entwicklung von Hörverstehen*,
- den *Aufbau eines fremdsprachlichen Wortschatzes*,
- den *Erwerb von elementaren Redemitteln* und
- die *Entwicklung einer akzeptablen Aussprache*.

Als zentrale Vermittlungs- und Sozialformen zum Erreichen dieser Ziele dienen der Lehrervortrag, das Vorspielen von Texten von CD sowie verschiedene Varianten des Mit- bzw. Nachsprechens und -singens. Ob damit optimale Voraussetzungen für Spracherwerb herrschen, oder ob der Schwerpunkt nicht viel eher auf der Entwicklung kommunikativer Kompetenzen liegen muss, ist unter den gegebenen Umständen eine akademische

Frage. Wichtig in Bezug auf Leistungsmessung ist die Erkenntnis, dass folglich zumindest für die oben genannten Teilbereiche eine Fülle von Verfahren existiert, die nicht nur zur Entwicklung, sondern auch zur Messung dieser Teilkompetenzen eingesetzt werden können.

Rezeptive Kompetenzen erfassen

Das mit Abstand beliebteste Format zur Erfassung rezeptiver Kompetenzen sind Übungen wie *Listen and tick/colour/draw (lines), number (the pictures), circle* (*the right things*), wobei bei fortgeschritteneren Lernern statt *listen* auch *read* stehen kann. Mit diesem Typ von Aufgabe lässt sich nicht nur die – passive – Kenntnis eines bestimmten Wortschatzes erfassen. Statt mit Wörtern und Bildern kann man auch mit Sätzen oder Sprechblasen und mit Zeichnungen komplexer Situationen arbeiten, so dass sich mit ein bisschen Fantasie Aufgaben zu fast jedem Bereich entwickeln lassen, bei denen es primär um das Verstehen bzw. Wiedererkennen eines Begriffs oder einer Situation geht.

Hörverstehen erfassen

Eine gute Möglichkeit zur Erfassung von Hörverstehen ist zudem das Spiel *same or different*. Hiermit lässt sich überprüfen, ob die Lerner Laute korrekt wahrnehmen können, indem sie durch Hochhalten von Smileys oder Frownies, durch Verbinden von Bildern oder – im zweiten Lernjahr – auch von Zeichnungen und Schriftbildern zu erkennen geben, ob Wörter für sie gleich oder unterschiedlich klingen (z.B. *too – two – shoe – toe*, *drei – dry* oder auch *Bett – bat – bed – bad*). Oberhalb der Ebene von Einzelwörtern kann man die Schüler bitten, auf Wörter zu achten, die ihnen eingebettet in einen Satz vorgesprochen werden (z.B. *He dropped food on his foot*). Wenn es dagegen um die Produktion von Sprache geht, so könnte man sie auffordern, selbst Reimwörter vorzuschlagen, z.B. im Rahmen des Spiels *word tennis*, bei dem Teams so lange abwechselnd Begriffe aus einem bestimmten Bereich nennen, bis eine Gruppe nicht mehr weiter weiß. Sehr Mutige könnte man sogar bitten, selbst in die Lehrerrolle zu schlüpfen und anderen vorzumachen bzw. zu erklären, wie ein Wort oder Satz richtig ausgesprochen werden muss.

Bis auf die letzten beiden Vorschläge weisen alle diese Möglichkeiten trotz mancher Stärken jedoch eine gemeinsame Schwäche auf. Statt das Sprachverständnis der Kinder im Diskurs zu überprüfen, reduzieren sie den Umgang mit Englisch auf etwas, das in authentischer Interaktion nur höchst selten verlangt wird, nämlich ankreuzen, ausmalen, nummerieren oder verbinden. Oder anders ausgedrückt: Fast alle bis jetzt genannten Formate konzentrieren sich auf etwas, das die Forschung als *item learning* bezeichnet. Will man nun nicht nur etwas über die *Produkte* von Sprachenlernen erfahren, sondern auch über Sprachlern*prozesse*, so muss neben dem *item learning* auch das *system learning* in den Blick genommen werden.

Die Erfassung von *system learning*

Vier Optionen scheinen besonders gut geeignet, um neben isoliertem Wissen bzw. Können der Schüler auch die Entwicklung ihrer Kompetenz zu erfassen:

Sprachenportfolio

Ein wichtiges Verfahren zur systematischen Dokumentation von Lernprozessen und -produkten ist die Arbeit mit Sprachenportfolios (s. dazu ausführlich S. 93 ff.). Dieses Instrument, von dem für den Frühbeginn mittlerweile gut ein halbes Dutzend alternativer Versionen vorliegen, ermöglicht aufgrund seiner dreiteiligen Struktur mit Sprachenbiografie, Sprachendossier und Sprachenpass ebenso die Reflexion von Lernwegen und Lernstrategien wie auch eine aktive Auseinandersetzung mit sichtbaren Ergebnissen von Lernen. Da Biografien sich mit der Zeit ändern, und weil Dossiers gepflegt werden müssen, wenn sie aussagekräftig bleiben sollen, bieten Portfolios zudem den Vorteil, dass neben ihrem Inhalt als weitere Leistung auch die Sichtung und Aktualisierung enthaltenen Materials berücksichtigt werden können.

Regelmäßiges Beobachten

Eine zweite Option zur Erfassung von *system learning* ist die regelmäßige Beobachtung Einzelner bzw. die Beobachtung von Lerngruppen. Auch hierbei kann man sich entweder bereits existierender Vorlagen bedienen oder eigene Bögen anfertigen. Unabhängig vom letztlich gewählten Instrument sollten als Minimalkatalog allerdings folgende Aspekte berücksichtigt werden:

- die Häufigkeit und Qualität der Beiträge zum Unterrichtsgespräch;
- der Gebrauch bestimmter Lernstrategien (z. B. Mit- oder Nachsprechen,

gezieltes Um-Hilfe-Bitten oder Nachfragen, etwa mit *What is X in English?*, Orientierung am Schriftbild, Risikobereitschaft, paralleler Gebrauch deutscher und englischer Begriffe, Bemühen, etwas im ganzen Satz auszudrücken);
- die Ergebnisse von Partnerarbeiten und Kommunikationsverhalten in der Gruppe.

Entscheidend ist bei dieser Art von Leistungsmessung zum einen, dass regelmäßig alle Schüler beobachtet werden, damit nicht schwächere bzw. sich weniger in den Vordergrund drängende Kinder vergessen werden. Man darf aber auch nicht unterschlagen, dass Quantität nicht gleichbedeutend mit Qualität ist. Um es drastisch zu formulieren: Wer alles bereitwillig nachplappert und sich auch sonst häufig ins Unterrichtsgeschehen einbringt, ist deshalb noch genauso wenig ein guter Lerner, wie jemand, der es vorzieht, Dinge zu beobachten und eher selten aktiv am Unterricht teilnimmt, ein schlechter Lerner ist. Wir wissen nämlich nicht nur, dass in fast allen Klassen viele unterschiedliche Lernertypen vertreten sind, und dass das individuelle Kommunikationsverhalten nur begrenzt Aufschluss über die wahre Kompetenz der Schüler gibt. Oft zeigt sich auch erst mittel- bis langfristig, was wirklich „hängen geblieben“ ist, bzw. womit Lerner sich so intensiv auseinandergesetzt haben, dass sie es auch Wochen später noch abrufen und korrekt anwenden können.

Peer-to-peer talks

Insgesamt sollte – zumindest in Klasse 2 – allerdings das kommunikative Verhalten der Schüler künftig trotzdem deutlich mehr Gewicht erhalten, als dies bislang der Fall war. Das dritte Verfahren zur Erfassung von *system learning*, das ich daher vorschlage, sind sog. *Peer-to-peer talks*, d.h. Gespräche, welche die Schüler untereinander führen, ohne dass die Lehrperson moderierend oder in irgendeiner anderen Weise eingreift. Man kann sicher darüber streiten, ob schon Sechs- und Siebenjährige fähig sind, eine solch anspruchsvolle Aufgabe in der Fremdsprache zu bewältigen. Ich plädiere aus folgenden Gründen dennoch für den freiwilligen Einsatz von *Peer-to-peer talks* selbst zu Anfang des Frühbeginns:
- Zum einen sollte Leistungsmessung nicht allein die schwächeren Lerner im Blick haben, sondern auch den stärksten die Chance bieten zu zeigen, was sie schon alles können.
- Zum anderen sind *Peer-to-peer talks* auf dem Gebiet dialogischen Sprechens die einzige Alternative zu gelenkter Elizitation, dem Versuch, jemand eine Äußerung zu entlocken,

- während als dritter Aspekt hinzukommt, dass Lerner sich in diesen Gesprächen viel authentischer und risikobereiter verhalten als in eingeübten Dialogen. Hier können sie echte Kommunikationsbedürfnisse befriedigen, und hier müssen sie sich auch nicht auf Themen beschränken, die sie entweder bereits kennen, oder an denen sie ohnehin nie wirklich interessiert waren.

Ob – und inwieweit – die Lerner dabei auf Elemente des Deutschen oder einer anderen Herkunftssprache zurückgreifen, ist keineswegs egal, denn das langfristige Ziel ist natürlich die Einsprachigkeit. In Übungsphasen wird man daher sicher noch einmal thematisieren, wie bestimmte Dinge in der Fremdsprache ausgedrückt werden können. Für den Moment genügt es aber, wenn ein echter Wille zur Kommunikation realisiert wird, der anderen im Idealfall obendrein als Modell für ihr eigenes Handeln dienen kann.

Über Sprachlern- und -gebrauchsstrategien gemeinsam sprechen

Eine vierte Möglichkeit zur Erfassung von *system learning* ist das gemeinsame Gespräch über Sprachlern- und -gebrauchsstrategien im Klassenraum. Zunächst geht es um ganz einfache Strategien, z.B. „Wenn ich ein Wort nicht weiß, dann frage ich danach mit dem Satz *What is X in English?*" (Weitere Beispiele sind „Wenn ich den englischen Namen einer Sache nicht kenne, zeige ich darauf und sage *this* oder *that*." oder „Wenn ich mir die Aussprache eines Wortes merken will, denke ich an andere Wörter, die genauso klingen".) Regelmäßiges Sprechen über Sprachlern- und -gebrauchsstrategien eröffnet Einblicke, wie gut Einzelne ihr fremdsprachliches Handeln schon reflektieren können, und hilft damit, Sprachlernkompetenz kindgerecht greifbar zu machen. Solche Gespräche bieten aber auch die Chance, dass die Lehrkraft und die Mitschüler Impulse geben können, und dass Letztere direkt eine Rückmeldung zu ihren Ideen erhalten.

Fazit

Keine dieser Optionen ist einfach, denn Portfolios müssen regelmäßig durchgesehen und neu reflektiert werden. Beobachtungsbögen verlangen einige Vor- und Nachbereitung. *Peer-to-peer talks* und Reflexionsphasen in der Gruppe beanspruchen wiederum beide relativ viel Unterrichtszeit, weil einer der wichtigsten Faktoren für das Gelingen dieser Ansätze darin besteht, dass den Lernern auch ausreichend Zeit gegeben wird, um ihre Gedanken angemessen in Worte zu kleiden.

Trotz dieser Einschränkungen geht jedoch nach meiner Überzeugung auch bei Englisch ab Klasse 1 kein Weg daran vorbei, von Anfang an beides, *item learning* und *system learning* in die Leistungsbewertung einfließen zu lassen, wobei der erste Bereich zunehmend durch den zweiten abgelöst werden muss. Hierbei darf und soll man im Sinne der Gewöhnung an Testen als normaler Bestandteil von Lernen wie auch zur Stärkung der Motivation ruhig ab und an auf kurze standardisierte Verfahren zurückgreifen. Oftmals braucht man aber gar keine „richtigen" Tests, um sich ein Bild über das Leistungsvermögen eines einzelnen oder einer Gruppe zu verschaffen. Es genügt, sich eines der nachfolgenden Instrumente zu bedienen, um ohne großen Aufwand manch Spannendes über die rezeptiven Fähigkeiten eines Lerners oder seine aktive Kompetenz in der Fremdsprache zu erfahren:

Hörverstehen 1 (der Fokus liegt auf dem Erkennen von Einzelwörtern)	• Verhalten beim Hören eines *Action game/song/ poem* • Identifizieren von Begriffen durch Ankreuzen, Anmalen oder Nummerieren etwa im Rahmen eines Maldiktats oder beim Bingo • Erkennen und Benennen von Fehlern (z. B. in einer den Lernern vorgetragenen Geschichte)
Hörverstehen 2 (der Fokus liegt auf dem Verständnis von ganzen Sätzen)	• Ausagieren komplexer Anweisungen (z. B. mit Präpositionen) • Nachspielen einer Geschichte oder Nachspielen komplexer Sätze mit Holzfiguren bzw. Spielzeug
Zusammenhängendes Sprechen	• Beschreibung von Bildern, Vorgängen, Objekten • Rezitieren/Vortragen • Identifizieren und Benennen von Oberbegriffen
An Gesprächen teilnehmen/Interaktion	• Teilnahme am Rollenspiel/Interview/*Peer-to-peer talk/Market place game/Information gap activity* • Gespräch mit einer Handpuppe (oder mit zwei Handpuppen) bzw. gelenktes Gespräch zwischen Kind(ern) und einer von der Lehrkraft geführten Puppe
Leseverstehen und/oder Schreibung bzw. Sprechfertigkeit	• Identifizieren von Begriffen oder Zuordnung durch Ankreuzen, Anmalen oder Nummerieren • Satzergänzung bzw. Textergänzung (*Gap filling*) • Identifizierung des Schriftbilds einzelner Wörter • Ermitteln von Gegensatzpaaren
Schreibung	• Einträge kopieren (richtig abschreiben), z. B. durch Zusammenstellen von *personal words* • Bilder und Zeichnungen beschriften nach Vorlage • Erstellen einer Einkaufs- oder Materialliste

8 Portfolioarbeit anbahnen

Annika Kolb

Während es im herkömmlichen Fremdsprachenunterricht meist Lehrer sind, die die Leistungen ihrer Schüler feststellen und bewerten, versuchen alternative Formen der Leistungsbeurteilung und -dokumentation auch die Perspektive der Schüler einzubeziehen. Gerade im Fremdsprachenunterricht, in dem komplexe Leistungen erbracht werden, erscheint eine solche mehrperspektivische Sichtweise sinnvoll. In der Grundschule ist es außerdem von großer Bedeutung, eine prozessorientierte Sichtweise auf Lernen und Leistung einzunehmen sowie die individuelle Entwicklung der Kinder zu berücksichtigen. Neue Formen des Umgangs mit Leistung fokussieren nicht nur auf das Lernergebnis, sondern auch auf Lernwege, die ebenfalls Gegenstand der Evaluation werden (WINTER 2002, 212 f.).

Eine solche Ergänzung der Lehrerperspektive stellt die Portfolioarbeit dar, deren Einsatzmöglichkeiten im Englischunterricht der Klassen 1 und 2 ich in diesem Beitrag näher beleuchten möchte.

Was ist ein Portfolio?

In einem Portfolio werden sowohl individuelle Schülerarbeiten als auch Reflexionen zum eigenen Lernen gesammelt. Diese Dokumentation von Lernergebnissen und -prozessen betont den individuellen Charakter des Lernens; oftmals schwingt auch die Vorstellung von einer privaten Lernsphäre mit, der im Portfolio Raum gegeben werden soll. Zentral ist bei der Portfolioarbeit die Reflexion. Es geht um das *Nachdenken über das eigene Ich als Lerner*, dazu dienen Kommentare und Erläuterungen zu Dokumenten und zum Lernprozess sowie Selbsteinschätzungen der Schüler. Im Unterricht inszeniert die Portfolioarbeit Gelegenheiten, in denen innegehalten, eine Rückschau vorgenommen und das eigene Verhältnis zum Lernen thematisiert werden kann.

Ziele von Portfolioarbeit sind

- die Ausbildung von Reflexionskompetenz,
- die Übernahme von Verantwortung für das eigene Lernen,
- eine prozessorientierte Betrachtung des Lernens,
- ein Perspektivenwechsel in Richtung auf individuelle Lerner sowie
- das produktive Einspielen von Subjektivität in den Lernprozess (BRUNNER/HÄCKER/WINTER 2006).

Portfolios werden sowohl als alternative Leistungsbeurteilungsinstrumente als auch als innovative Lehr-Lerninstrumente eingesetzt (HÄCKER 2002). Dabei steht entweder die Dokumentation und Präsentation der eigenen Leistung (*Produktportfolio*) oder die eigenverantwortliche, individuelle Begleitung des Lernprozesses (*Prozessportfolio*) mehr im Vordergrund.

Portfolioarbeit im Englischunterricht

In den Englischunterricht der Grundschule hat die Portfolioarbeit über das Europäische Sprachenportfolio – eine Initiative des Europarates – Einzug gehalten (COUNCIL OF EUROPE 1997). Damit wird sowohl eine dokumentarische als auch eine pädagogische Funktion verfolgt. Erstere soll es ermöglichen, auf der Basis des Gemeinsamen Europäischen Referenzrahmens (EUROPARAT 2001) Sprachkenntnisse international vergleichbar und Lernergebnisse sichtbar zu machen. Die pädagogische Funktion des Sprachenportfolios zielt auf die Reflexion des eigenen Sprachenlernens und die Bewusstmachung des Werts von Mehrsprachigkeit ab.

Portfolios, die dieser Konzeption folgen, sind in drei Teile gegliedert:

- Der standardisierte *Sprachenpass* gibt einen Überblick über die Sprachkenntnisse und formalen Qualifikationen seiner Inhaber.
- Dieser Querschnittperspektive wird im zweiten Teil eine Längsschnittsichtweise entgegengestellt: In der *Sprachlernbiografie* wird die Geschichte des Sprachenlernens dokumentiert, hier wird Gelegenheit zur Selbsteinschätzung durch die Lernenden gegeben. Neben die Selbsteinschätzung des individuellen Könnens tritt die Reflexion des Lernprozesses; es wird also nicht nur gefragt *Was kann ich?*, sondern auch *Wie lerne ich?* Dazu werden den Lernenden Impulse gegeben, sich über eigene Lernzugänge, -hilfen und -strategien Gedanken zu machen sowie emotionale Aspekte des Sprachenlernens zu thematisieren (KOLB 2006).
- Schließlich enthält das Europäische Sprachenportfolio noch ein Dossier, in dem ausgewählte Schülerarbeiten gesammelt werden, die sprachliche Leistungen deutlich machen.

Für die Grundschule steht die pädagogische Funktion im Vordergrund. Vor allem in den Klassen 1 und 2 geht es darum, Portfolioarbeit anzubahnen und in den Umgang mit diesem Instrument einzuführen. Dabei werden folgende Ziele verfolgt:

Im Sinne der pädagogischen Funktion des Europäischen Sprachenportfolios, das den Wert von Mehrsprachigkeit herausstellen will, sollen die Kinder die Vielfalt von Sprachen erfahren, Sprachen in ihrem Umfeld erkunden und für Mehrsprachigkeit sensibilisiert werden. Hier bietet sich auch die Möglichkeit, außerschulisch erworbene Sprachkenntnisse, etwa lebensweltliche Mehrsprachigkeit der Kinder, einzubeziehen.

Weiterhin wird Gelegenheit geboten, über das eigene Sprachenlernen und sich als Sprachenlerner nachzudenken und sich über Zugänge und Lernstrategien auszutauschen. Ein Stück weit Lernerautonomie wird gewonnen, wenn die Kinder sich aufgrund ihrer Einschätzung eigene Ziele setzen und diese selbstständig verfolgen. Die dokumentarische Funktion des Sprachenportfolios ermöglicht die Präsentation der eigenen Leistung gegenüber sich selbst und anderen, etwa an der Schnittstelle zwischen Primar- und Sekundarstufe (Legutke 2003).

Verschiedene Bundesländer haben inzwischen Sprachenportfolios für die Grundschule veröffentlicht (z.B. Legutke/Lortz 2002; Ministerium für Bildung, Frauen und Jugend Rheinland-Pfalz 2004; Pädagogisches Landesinstitut Brandenburg 2002; Thüringer Kultusministerium 2002); auch in den meisten Lehrwerken finden sich Materialien für die Portfolioarbeit.

Der Sprachenpass

Auch wenn der Einsatz des standardisierten Sprachenpasses in der Grundschule wenig Sinn ergibt – sind hier doch noch keine formale Qualifikationen in Bezug auf Sprachkenntnisse zu dokumentieren –, bietet eine kindgemäße Form des Sprachenpasses (vgl. z.B. Abb. 1) die Gelegenheit zur Beschäftigung mit Mehrsprachigkeit im Umfeld der Kinder. Hier können Eintragungen zu Sprachen, die in der Familie und mit Freunden gesprochen werden, Ländern, in denen Sprachkontakte stattgefunden haben, fremdsprachigen Wörtern usw. vorgenommen werden.

Es bietet sich an, zur Einführung in diesen Teil der Portfolioarbeit (oder in die Portfolioarbeit überhaupt) kleine Projekte zum Thema Sprachen und lebensweltliche Mehrsprachigkeit durchzuführen (eine Vielzahl von Anregungen dazu gibt Schader 2004).

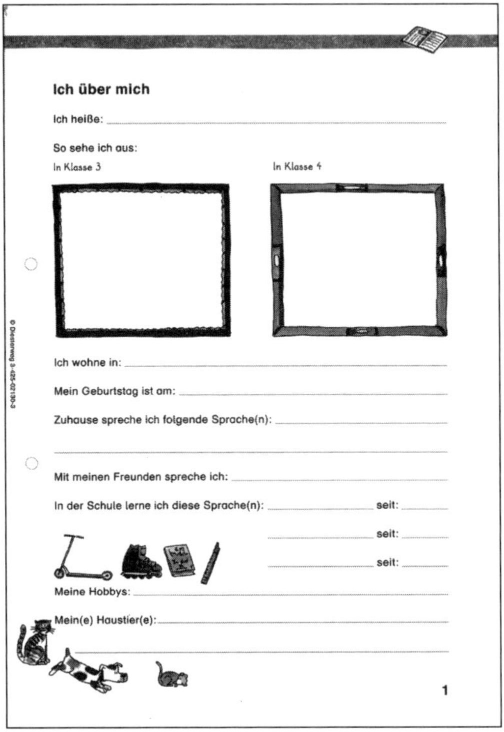
Ich über mich

Ich heiße: ....

So sehe ich aus:

In Klasse 3 In Klasse 4

Ich wohne in: ....

Mein Geburtstag ist am: ....

Zuhause spreche ich folgende Sprache(n): ....

Mit meinen Freunden spreche ich: ....

In der Schule lerne ich diese Sprache(n): .... seit: ....

.... seit: ....

.... seit: ....

Meine Hobbys: ....

Mein(e) Haustier(e): ....

1

Abb. 1: Sprachenpass
© Narr Verlag, Tübingen;
aus Legutke/Lortz 2002

Die Sprachlernbiografie – die Geschichte des eigenen Sprachenlernens

Reflexion des Lernstandes

Sprachenportfolios für die Grundschule ermöglichen die Einschätzung des eigenen Lernstandes mithilfe von Selbsteinschätzungsbögen, mit denen Lernergebnisse dokumentiert oder bewertet werden können. Dieser Teil steht in vielen Klassen im Zentrum der Portfolioarbeit. Auch Lehrwerke konzentrieren sich unter der Überschrift „Portfolio" häufig auf die Selbsteinschätzung des eigenen Könnens.

Diese Integration der Lernerperspektive in die Lernstandserhebung hat zunächst einen diagnostischen Wert. So gibt die Selbsteinschätzung Kindern und Lehrpersonen eine Rückmeldung über den erreichten Lernstand und kann damit als Basis für das weitere Lernen dienen. Zugleich sollen Lernfortschritte sichtbar gemacht und Sprachenlernen als Prozess erlebt werden.

Selbsteinschätzungsfähigkeit stellt außerdem ein Lernziel im Kontext von Sprachlernkompetenz dar. Kinder sollen in die Lage versetzt werden, ihren Lernstand selbstständig einschätzen, dokumentieren, diskutieren und präsentieren zu können – eine Fähigkeit, die für das Ziel des lebenslangen Lernens und des autonomen Sprachenlerners von Bedeutung ist. Des Weiteren präsentieren Selbsteinschätzungsbögen Lernziele in für die Kinder verständlicher Form. Gerade ein Unterricht, der in den ersten beiden Klassen vorwiegend mündlich durchgeführt wird, hinterlässt bei den Lernenden oft den Eindruck von Flüchtigkeit. Hier kann die Portfolioarbeit bei den Kindern dazu beitragen, sich der eigenen Kompetenzen – vor allem im rezeptiven Bereich – deutlicher bewusst zu werden und Lernergebnisse greifbarer zu machen.

Auch wenn Selbsteinschätzung von Kindern spontan vorgenommen wird und alle Arbeitsprozesse begleitet, ist die Beurteilung des eigenen Könnens gerade zu Beginn der Schulzeit für die Schüler eine Herausforderung. Jüngere Lernende suchen häufig die Bestätigung und das Urteil der Lehrperson. Die Fähigkeit, eigene Lernergebnisse einzuschätzen, muss also sorgfältig eingeführt und geübt werden.

Reflexionsgespräch

In Klasse 1 kann dazu am Ende einer Unterrichtsstunde oder einer thematischen Einheit mit einem kurzen Reflexionsgespräch über die Lerninhalte begonnen werden. In diesem erzählen die Kinder beispielsweise, was ihnen vom Unterrichtsgeschehen im Gedächtnis geblieben ist, was sie besonders leicht oder schwierig fanden oder was ihnen besonders gefallen hat. Damit wird die Fähigkeit geübt, Lernergebnisse und -prozesse zu reflektieren.

Eintragungen ins Englischheft

Eine weitere Möglichkeit, das Nachdenken über den individuellen Lernprozess anzubahnen, ist es, in regelmäßigen Abständen das Englischheft zu betrachten und Eintragungen mit bunten Klebepunkten zu markieren (z. B. rot für „das fand ich schwierig", blau für „das hat mir besonders gefallen", orange für „das ist mir besonders gut gelungen" usw.).

Selbsteinschätzungsbögen

Am Ende von Klasse und 1 und in Klasse 2 können dann erste Selbsteinschätzungsbögen eingesetzt werden, die sich auf die Kompetenzbereiche Hören und Sprechen beziehen. Zur Einschätzung des eigenen Könnens hat sich eine dreistufige Skala bewährt (grün: das kann ich schon, gelb: das kann ich mit Hilfe; rot: das kann ich noch nicht).

Bei der Konzeption von Selbsteinschätzungsbögen ist die Anbindung an konkrete Unterrichtsinhalte von großer Bedeutung, um die für Kinder abstrakte Aufgabe der Selbsteinschätzung zu erleichtern (vgl. Abb. 2).

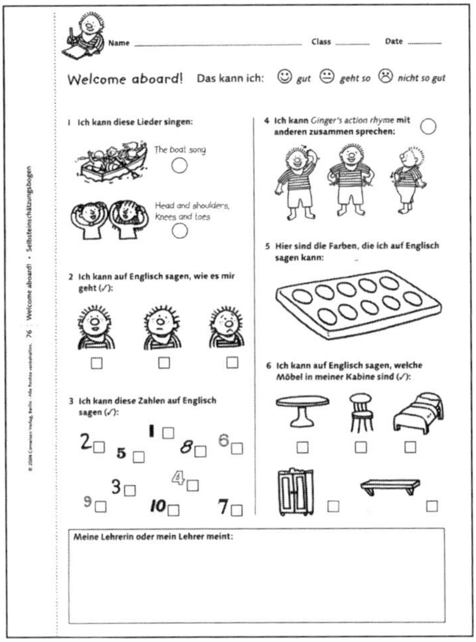

Abb. 2: Seite aus Ginger, Making the Grade 1 (Klasse 3)

Besonders bei Hörverstehensaufgaben ist es hilfreich, vor der Bearbeitung der Selbsteinschätzungsbögen die entsprechende Situation noch einmal herzustellen, also beispielsweise Arbeitsanweisungen auf Englisch zu geben. Die Kinder erhalten so die Möglichkeit zu überprüfen, ob sie diese verstehen.

- Bearbeitungszeitpunkte

Um Sprachenlernen als Prozess erlebbar zu machen, ist es sinnvoll, Einträge an mindestens zwei Bearbeitungszeitpunkten zu ermöglichen. Für die Kinder werden der eigene Lernfortschritt oder auch eventuelle Rückschritte sowie die Nachhaltigkeit von Lernen so unmittelbar sichtbar. Die beiden Bearbeitungszeiträume können entweder durch zwei Spalten oder durch unterschiedliche Farben verdeutlicht werden (vgl. Abb. 3). Dazu gehört auch, zu vermitteln, dass nicht alle Inhalte bei der ersten Bearbeitung beherrscht werden müssen. Vielmehr werden die einzelnen Themen im Laufe der Grundschulzeit immer wieder aufgegriffen und die Kompetenzen der Kinder so sukzessive erweitert.

Wenn Items vorgegeben werden, sollte immer Platz für die Ergänzungen der Kinder bleiben (vgl. Abb. 3), um persönlich relevante Wörter und Wendungen einzutragen.

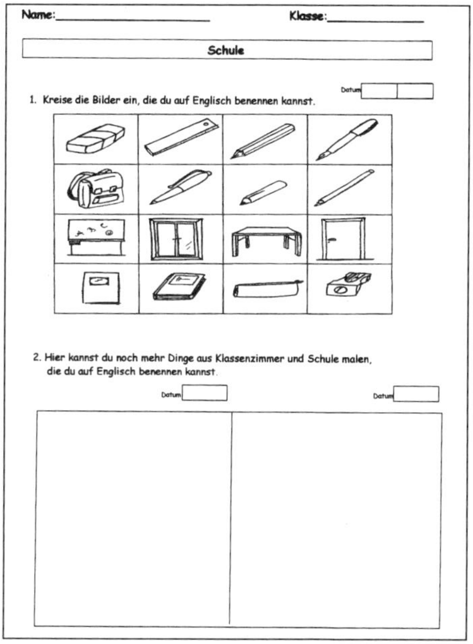

Abb. 3: Arbeitsblatt

- Zum Einsatz

Der Einsatz von thematischen Selbsteinschätzungsbögen bietet sich gegen Ende einer Einheit an. Hilfreich ist es, zu Beginn in einem gemeinsamen Gespräch zu rekapitulieren, welche Inhalte im Rahmen der Einheit behandelt wurden und was dabei gelernt wurde. Wenn die Kinder mit der Portfolioarbeit vertraut sind, kann die selbstständige Bearbeitung der Bögen auch in Freiarbeitsphasen stattfinden.

- Selbsteinschätzungskompetenz

„Wie realistisch ist die Einschätzung der Kinder?" ist eine in diesem Zusammenhang oft gestellte Frage. Selbstverständlich ist von Lernanfängern zunächst nicht in jedem Fall ein valides Urteil über ihr Können zu erwarten; die Fähigkeit zu einer angemessenen Einschätzung bildet sich vielmehr im Laufe der Zeit heraus. Erfahrungsgemäß wenden Kinder verschiedene Strategien an, um ihr Können einzuschätzen (Kolb 2007). Während einige alles im Unterricht Behandelte unter Können verbuchen, haben andere schon ein differenzierteres Bild der eigenen Kompetenz.

Um die Entwicklung von Selbsteinschätzungskompetenz zu unterstützen, ist es wichtig, den Kindern das Spezifische der Portfolioarbeit immer wieder zu verdeutlichen und deren Wert für ihr eigenes Lernen herauszustellen. Dazu gehört insbesondere die Tatsache, dass eine subjektive Einschätzung des eigenen Könnens von ihnen erwartet wird und dass das Portfolio eine Hilfe für ihre persönliche Lernplanung ist. Die Entstehung einer Testsituation sollte man vermeiden. Dazu trägt auch bei, dass die Lehrerin das Portfolio als Eigentum der Schüler respektiert und keine Korrekturen darin vornimmt. Sie sollte beim Ausfüllen beratend zur Seite stehen.

- Thematisierung von Verfahren und Kriterien

Gefördert werden kann die Ausbildung von Selbsteinschätzungsfähigkeit auch durch die Thematisierung von Verfahren und Kriterien der Selbsteinschätzung. Die Kinder können sich darüber austauschen, wie sie zu ihrer Einschätzung gekommen sind, es können gemeinsam Kriterien erarbeitet und Überprüfungsmöglichkeiten des eigenen Könnens (leise vorsprechen, Dialog mit Mitschülern usw.) ausprobiert werden.

In Forschungsprojekten zur Portfolioarbeit zeigte sich, dass bei einem solchen Vorgehen eine angemessene Selbsteinschätzung auch schon bei Grundschulkindern ein realistisches Ziel ist (Kolb 2007; Legutke 2003).

- Abgleich mit einer Fremdeinschätzung

Zur Ausbildung einer realistischen Selbsteinschätzung gehört weiterhin der Abgleich mit einer Fremdeinschätzung. Diese kann von der Lehrerin oder von Mitschülern kommen. Die Lehrerin kann in regelmäßigen Abständen die Portfolios einsammeln und den Lernenden ein Feedback geben. Dabei ist es wichtig, das Urteil der Kinder zunächst ernst zu nehmen und nur vorsichtige Anregungen zu seiner Überprüfung zu geben (z. B. „Bist du dir wirklich sicher, dass du den Reim auswendig kannst?"). Hier kann die Lehrerin auch Vorschläge für das weitere Lernen machen, wenn sie etwa auf in der Klasse vorhandenes Freiarbeitsmaterial hinweist.

Reflexion des Lernprozesses

Neben der Einschätzung des eigenen Lernstandes und der Beurteilung von Lernergebnissen verlangt eine prozessorientierte Sichtweise auch das Nachdenken über das eigene Lernen, über Arbeitstechniken und Methoden. So sollten bei einem Rückblick auf eine thematische Einheit nicht nur Lernergebnisse, sondern auch der Lernprozess betrachtet werden. Hierzu bieten viele Portfoliovorlagen auf den Selbsteinschätzungsbögen Gelegenheit für Eintragungen zu „Was mir bei diesem Thema am besten gefallen hat" oder „Was ich noch schwierig finde". Die weitere Lernplanung kommt unter „Was ich zu diesem Thema sonst noch lernen möchte" in den Blick.

Ein wichtiges Ziel des Fremdsprachenunterrichts in der Grundschule ist auch die Entwicklung von Sprachlernkompetenz. Die Portfolioarbeit hilft das Lernen zu thematisieren und das Repertoire an Lernstrategien zu erweitern.

- Nachdenken über Lernstrategien

Das Nachdenken über Lernstrategien und individuelle Zugänge zum Lernen ist für Lernanfänger eine recht abstrakte Aufgabe. Wenn kindgemäße Formen gefunden werden, sind jedoch auch schon Kinder im Grundschulalter dazu in der Lage (KOLB 2007; LEGUTKE 2003). Ein erster Schritt kann sein, sich Aktivitäten beim Sprachenlernen zu vergegenwärtigen (z.B. Bewegungen zu Wörtern machen, Geschichten hören, Interviews usw.). Diese können dann danach beurteilt werden, inwieweit sie zum Lernerfolg beitragen.

- Einstieg in Gespräche

Anbahnen lässt sich die Reflexion des Lernprozesses auch, indem die Kinder sich darüber austauschen, was ihnen beim Lernen hilft. Dabei werden sie allmählich für individuelle Lerntypen sensibilisiert und es werden ihnen weitere Strategien an die Hand gegeben (vgl. Abb. 4 und Abb. 5).

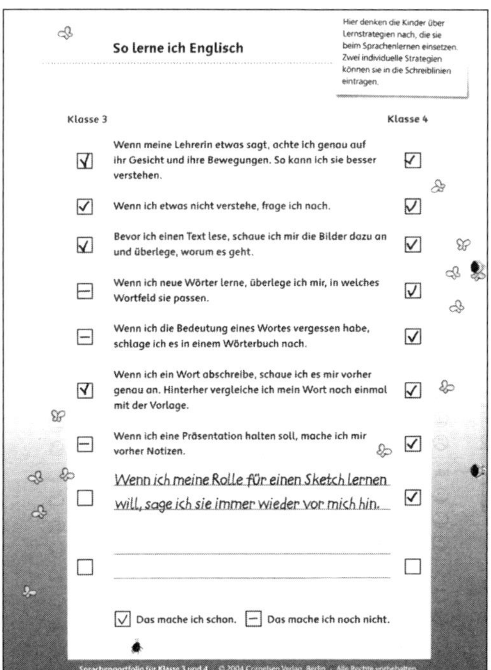

So lerne ich Englisch

Hier denken die Kinder über Lernstrategien nach, die sie beim Sprachenlernen einsetzen. Zwei individuelle Strategien können sie in die Schreiblinien eintragen.

Klasse 3		Klasse 4
☑	Wenn meine Lehrerin etwas sagt, achte ich genau auf ihr Gesicht und ihre Bewegungen. So kann ich sie besser verstehen.	☑
☑	Wenn ich etwas nicht verstehe, frage ich nach.	☑
☑	Bevor ich einen Text lese, schaue ich mir die Bilder dazu an und überlege, worum es geht.	☑
⊟	Wenn ich neue Wörter lerne, überlege ich mir, in welches Wortfeld sie passen.	☑
⊟	Wenn ich die Bedeutung eines Wortes vergessen habe, schlage ich es in einem Wörterbuch nach.	☑
☑	Wenn ich ein Wort abschreibe, schaue ich es mir vorher genau an. Hinterher vergleiche ich mein Wort noch einmal mit der Vorlage.	☑
⊟	Wenn ich eine Präsentation halten soll, mache ich mir vorher Notizen.	☑
☐	Wenn ich meine Rolle für einen Sketch lernen will, sage ich sie immer wieder vor mich hin.	☑
☐		☐

☑ Das mache ich schon. ⊟ Das mache ich noch nicht.

Sprachenportfolio für Klasse 3 und 4 · © 2004 Cornelsen Verlag, Berlin · Alle Rechte vorbehalten.

Abb. 4: Seite aus Ikuru

Portfoliovorlagen zu diesem Bereich dienen vor allem als Einstieg in Gespräche über die Thematik. Dabei ist es weniger von Interesse, was die Kinder tatsächlich eintragen; die Ergebnisse dienen vielmehr als Stimulus für das Nachdenken und einen Austausch der Kinder untereinander.
Wichtig ist es auch, deutlich zu machen, dass es in diesem Bereich kein „richtig“ oder „falsch“, sondern nur individuelle Zugänge zum Lernen gibt.

Tätigkeiten beim Sprachlernen

Wenn du gut Englisch können willst, was ist für dich beim Lernen am wichtigsten?

Schreibe die Zahlen 1–9 unter die Bilder, 1 für das Wichtigste, 2 für das Zweitwichtigste usw.

Abb. 5: Arbeitsblatt

Arbeit mit dem Dossier

Das Dossier – für das in der Grundschule häufig kindgemäße Begriffe wie *mein Sprachenschatz* oder *treasure chest* gewählt werden – sammelt Produkte, die Sprachkönnen dokumentieren. In dieser mitwachsenden und sich ständig verändernden Sammlung spiegelt sich der Sprachlernprozess, indem Lernfortschritte für die Kinder selbst und andere sichtbar werden. Eine gewisse Schwierigkeit besteht in den Klassen 1 und 2 dadurch, dass noch keine Schriftsprache in den Unterricht einbezogen wird. Trotzdem bieten sich hier eine Vielzahl von Möglichkeiten, den Sprachlernprozess und die Lernergebnisse zu dokumentieren. So können beispielsweise Begriffe, deren englische Bezeichnung die Kinder kennen, gemalt werden. Bilder können auch die Grundlage für Präsentationen darstellen, beispielsweise die eigene Familie, die auf Englisch vorgestellt werden kann. Eine weitere – wenn auch zeitaufwändige – Möglichkeit sind Audio- oder Videoaufnahmen von Präsentationen, beispielsweise Rollenspielen aus dem Unterricht.

- Einführung des Dossierteils

Die Einführung kann beispielsweise am Ende von Klasse 1 erfolgen. Die Kinder erhalten die Aufgabe, aus ihrem Englischordner fünf Arbeiten auszuwählen, die zeigen, was sie im Laufe des Schuljahres gelernt haben. Diese werden in Klarsichthüllen oder mit einem Heftstreifen gesammelt. Immer wieder mal gibt es Zeitpunkte, in denen diese Auswahl revidiert wird; dabei sollte es aber eine begrenzte Anzahl an Klarsichthüllen sein, damit die Kinder wirklich zu einer Auswahl gezwungen werden.

- Auswahlkriterien

Die Auswahl von Dokumenten für das Dossier ist für die Kinder zu Beginn nicht einfach. Gerade am Anfang der Schulzeit sind für sie alle Arbeiten gelungen und aufbewahrenswert. Auswahlkriterien müssen deshalb im Laufe der Zeit erarbeitet werden. Dabei stehen für die Kinder zunächst gestalterische Aspekte im Vordergrund. Nach und nach sollte aber herausgearbeitet werden, dass die ausgewählten Dokumente Sprachkönnen verdeutlichen sollen. Hilfreich ist es, die Arbeiten mit einem kleinen Zettel (Post-it, Büroklammer) zu versehen, auf dem die Schüler den Satzanfang *Ich kann …* vervollständigen (z. B. *Ich kann dieses Lied auf Englisch singen, Ich kann auf Englisch sagen, was ich gerne esse*). Zur Erarbeitung von Kriterien sind auch Kreisgespräche geeignet, in denen Kinder einzelne Dokumente aus ihrem Dossier vorstellen, und begründen, warum sie diese ausgewählt haben (Becker 2003, 44).

- Spezielle Arbeiten

Neben der Auswahl von Dokumenten aus dem Unterricht ist es auch möglich, am Ende einer thematischen Einheit spezielle Arbeiten für das Dossier anzufertigen. Unter der Überschrift *Was wir zum Thema … gelernt haben*, können beispielsweise Bilder zu Geschichten oder zum Vokabular der Einheit angefertigt werden.

- Außerunterrichtliche Sprachlernaktivitäten

Außerdem ist im Dossier Platz für außerunterrichtliche Sprachlernaktivitäten so kann die lebensweltliche Mehrsprachigkeit hier einbezogen werden.

Fazit

Portfolioarbeit in den Klassen 1 und 2 ist vor allem eine Einführung in Arbeitsformen und Verfahren der Portfolioarbeit, mit der die Weiterarbeit in den Klassen 3 und 4 vorbereitet wird. Dabei ist es sinnvoll, die einzelnen Portfolioteile nach und nach einzuführen. Das Anlegen einer eigenen Portfoliomappe ist nicht unbedingt notwendig, Portfolioseiten können vielmehr in das reguläre Englischheft integriert werden. Bei einer sorgfältigen Einführung und der Auswahl kindgemäßer Verfahren kann in den Klassen 1 und 2 eine wichtige Vorarbeit geleistet werden.

Literaturtipps

Ginger, Making the Grade 1, Klasse 3. (2004). Berlin: Cornelsen.
Ikuru 3. Sprachenportfolio für Klassen 3 und 4. (2004). Berlin: Cornelsen.

Becker, Carmen (2003): Lernentwicklung dokumentieren. Das Sprachenportfolio. In: Die Grundschulzeitschrift 164, 42–44.

Brunner, Ilse/Häcker, Thomas/Winter, Felix (Hrsg.) (2006): Das Handbuch Portfolioarbeit. Konzepte, Anregungen, Erfahrungen aus Schule und Lehrerbildung. Seelze: Kallmeyer.

Council of Europe (1997): European Language Portfolio. Proposals for Development. Strassbourg.

Europarat (Hrsg.) (2001): Gemeinsamer Europäischer Referenzrahmen für Sprachen: lehren, lernen und beurteilen. Berlin u. a.: Langenscheidt.

Häcker, Thomas (2002): Der Portfolioansatz – die Wiederentdeckung des Lernsubjekts. In: Die Deutsche Schule, 94 (2), 204–216.

Kolb, Annika (2007): Portfolioarbeit. Wie Grundschulkinder ihr Sprachenlernen reflektieren. Tübingen: Narr.

Kolb, Annika (2006): ‚Nachdenken muss man öfters als fernsehgucken' – zur Reflexion des eigenen Lernens im Rahmen von Portfolioarbeit. In: Schlüter, Norbert. (Hrsg.): Fortschritte im frühen Fremdsprachenlernen. Ausgewählte Tagungsbeiträge Weingarten 2004. Berlin: Cornelsen, 34–41.

Legutke, Michael K. (2003): Neue Wege für die Lernstandsermittlung im fremdsprachlichen Unterricht der Grundschule? Anmerkungen zum Junior-Portfolio für Sprachen. In: Hermes, L.; Klippel, Friederike (Hrsg.): Früher oder später? Berlin und München: Langenscheidt, 69–85.

Legutke, Michael K./Lortz, Wiltrud (2002): Mein Sprachenportfolio. Frankfurt a. M.: Diesterweg.

Ministerium für Bildung, Frauen und Jugend Rheinland-Pfalz (Hrsg.) (2004): Mein erstes Sprachenportfolio. Mainz. http://grundschule.bildung-rp.de (17.08.2007).

Pädagogisches Landesinstitut Brandenburg (2002): Meine Sprachenmappe: Ein Sprachenportfolio für jede Altersgruppe – Materialien für den Einsatz in der Grundschule. Berlin: Wissenschaft und Technik Verlag.

Schader, Basil (2004): Sprachenvielfalt als Chance. Handbuch für den Unterricht in mehrsprachigen Klassen. Zürich/Troisdorf: Orell Füssli/Bildungsverlag Eins.

Thüringer Kultusministerium (2002): Europäisches Sprachenportfolio. Erfurt.

Winter, Felix (2002): Ein Instrument mit vielen Möglichkeiten – Leistungsbewertung anhand von Portfolios. In: Becker, K./von der Groeben, A./Lenzen, K. (Hrsg.): Leistung sehen, fördern, werten. Bad Heilbrunn: Klinkhardt, 311–317.

9 Organisation des Unterrichts

Gabriele Cwik

Der Rahmen für den frühen Beginn des Englischunterrichts ist in allen Bundesländern durch entsprechende Erlasse gesteckt. Einige Länder führen die Fremdsprache ab Klasse 3 ein, andere beginnen den Unterricht schon in der Klasse 1. Das Zeitkontingent beträgt in der Regel zwei Unterrichtsstunden pro Woche. Den Unterricht sollen ausschließlich im Fach ausgebildete Lehrerinnen und Lehrer erteilen.

Fremdsprachen lernen

Es lohnt sich, in die Überlegungen zur Aneignung einer Fremdsprache in den Klassen 1 und 2 die Beobachtungen und Erkenntnisse zum Erwerb der Muttersprache und zum Bereich Deutsch als Zweitsprache einzubeziehen. Wenn man sich vor Augen hält, dass Kinder selbstständig innerhalb von sechs Lebensjahren eine Sprache lernen, auch wenn sie keine einzige Stunde Grammatikunterricht hatten, verneigt man sich mit großem Respekt vor dieser Leistung. Mittlerweile weiß man, dass dies nur möglich ist, weil das noch junge Gehirn die Fähigkeit besitzt, Regeln aus der Umgebung zu extrahieren und entsprechende neuronale Netzwerke zu bilden, die die selbstständige Aneignung der Sprache ermöglichen. Darum ist es wichtig, dass die Schule möglichst früh mit dem Fremdsprachenunterricht beginnt. Die Organisation und Durchführung sollte sich aber am Erwerb der Muttersprache orientieren und nicht bloß die Erkenntnisse aus dem Unterricht der Klassen 3 und 4 „herunterbrechen“.

Hilfreich sind dabei folgende Thesen:

► Kinder lernen die Muttersprache hauptsächlich von Bezugspersonen. ◄

„Auch wenn Kinder noch nicht im Bereich des verbalen Selbst agieren können, ist doch die Sprache des Erwachsenen ein ständiger Begleiter der Entwicklung des Kindes“ (Brodin/Hylander 2002, 141), so heißt es in einem Handbuch für Erzieherinnen. Dieses Handbuch gibt Hinweise für pädagogisches Verhalten und die damit verbundene Sprachförderung des Kindes. Aber genau die gleichen Hinweise gelten für den frühen Erwerb einer Fremdsprache. Die Kinder nehmen Blickkontakt zur Bezugsperson auf, beobachten die Mimik, die Lippenstellung und nehmen Laute wahr. Später bilden sie dann erste Laute nach und werden unmittelbar z.B. von der Mutter gelobt. Sie merken, wie sie durch die Laute die Aufmerksamkeit auf sich lenken. Diese Erfahrung gibt ihnen die Motivation weiterzulernen, das Sprechen zu üben und stärkt das Selbstwertgefühl. Kinder setzen alles daran, dieses Erfolgserlebnis zu wiederholen.

► Kinder verstehen viel, ohne selber sprechen zu können. ◄

Schon sehr früh verstehen Kinder „nur den globalen Bedeutungsgehalt aus Tonfall, Mimik, Gestik und Gesamtsituation“ (Radigk 2006, 66). Sie erkennen noch nicht den Sinngehalt einzelner Wörter. Sie erlernen die Sprache jedoch in einem Sinnzusammenhang und zum Teil in gewohnten Lebenssituationen. Besonders hilfreich zum besseren Verstehen sind visuelle Hilfsmittel – z.B. Bilder, Gegenstände oder eine überdeutliche Körpersprache und Mimik der Bezugsperson.

Zu Beginn des Schulalters haben Kinder die Fähigkeit des antizipatorischen Denkens erworben, die ihnen z.B. den Leselernprozess erleichtert (vgl. Radigk 2006, 147). Dieses Vorausdenken ist auch im Anfangsunterricht einer Fremdsprache wichtig, denn dadurch können sie Aufforderungen auch ohne Vokabelkenntnisse in der ihnen fremden Sprache erahnen. Sie merken, dass sie der Sprache nicht hilflos ausgeliefert sind, dass es Möglichkeiten gibt, den Sinn zu entschlüsseln.

► Kinder wenden sehr schnell bereits Gelerntes an – wenn auch fehlerhaft. Sie vergleichen und testen das vermeintlich Verstandene möglichst zeitnah. ◄

Kinder produzieren zu Beginn des Sprachlernprozesses sehr schnell einzelne Laute. Sie testen ihre Kenntnisse kontinuierlich und bauen darauf auf. Nicht nur die emotionale Zuwendung motiviert sie zum Lernen, sondern auch die Tatsache, dass sie sich durch Sprache immer besser verständlich machen und dass sie auf ihre Umgebung einwirken können.

Zuerst werden Kinder einzelne Wörter sagen und mit Händen und Füßen versuchen, sich verständlich zu machen. „Wenn sie aber in diesen Situationen merken, dass sie die Aufmerksamkeit auf sich lenken können, wächst ihr Selbstvertrauen, ihr Mut und ihre Sicherheit. Wenn sich dann noch jemand mit ihm gemeinsam über jede gelungene Lösung freut, wächst auch ihr Vertrauen, dass sie selbst in der Lage sind, einen anderen Menschen glücklich zu machen. Soziale Resonanz nennen die Hirnforscher dieses Phänomen der wechselseitigen Verstärkung von Gefühlen, das dazu führt, dass der Funke der Begeisterung überspringt" (SPITZER 2006, 83).

Demnach ist es wichtig, dass viele Sprachanwendungssituationen geschaffen werden, in denen Kinder aktiv werden. Alle neuerworbenen Wörter muss man ohnehin über einen längeren Zeitraum üben, damit sich das Gelernte im Gedächtnis verankert. Kinder brauchen hierzu Zeit und Ruhe, sie müssen ausprobieren dürfen und werden dabei – jedenfalls aus der Erwachsenensicht – Fehler machen. Aber wichtig ist, dass sie nicht den Mut verlieren, dass die Begeisterung für die fremde Sprache anhält. Diese Begeisterung immer wieder anzufachen, das ist eine der wichtigsten Aufgaben der Lehrerin.

► Kinder lernen über das Seh-/Hörverstehen sehr viel schneller als über ein bloßes Hörverstehen. ◄

Über das Sehen werden vielfältige Informationen aufgenommen, die neben dem gesprochenen Wort zum besseren und schnelleren Verständnis von Sprache wichtig sind.

Da nicht alle Kinder die neuerworbene Fremdsprache in ihrem Alltag anwenden und damit das Gelernte durch die Eltern oder Geschwister vertiefen können, muss der Unterricht so organisiert sein, dass die Lehrerin als Vorbild jeden Tag „präsent" ist. So können die Kinder über Beobachtungen die wichtigen Grundlagen erwerben.

► Kann das Hörverstehen frühzeitig und ausreichend entwickelt werden, lernen Kinder die Fremdsprache zu beherrschen. ◄

Diese These wird durch psychologische und neurobiologische Untersuchungen, z.B. über ältere Adoptivkinder, bestätigt. Kinder, die nach dem Kleinkindalter in eine andere Kultur wechseln und in die neue Sprache eintauchen, übernehmen sehr schnell die neue Sprache als zweite Muttersprache. Das Lernen der Sprache geht „wie von selbst". Diese Entwicklung ist mit dem Erwerb der ersten Muttersprache fast identisch, verläuft aber wesentlich schneller, da das Gehirn schon über entsprechende neuronale Netzwerke verfügt. SPITZER (2006, 69) hat Kinder und Jugendliche untersucht, die in ein anderes Land zogen: „Wer vor dem siebten Lebensjahr ins Land gekommen war, beherrschte Englisch praktisch fehlerfrei. Schon bei mit zwölf Jahren eingewanderten Menschen sitzt die englische Sprache später nicht mehr so gut, und wer mit 17 Jahren immigriert, hat sprachlich schlechte Karten." Bei diesen Untersuchungen zeigte sich sogar, dass dieses Netzwerk auch bei weiteren Sprachen genutzt werden kann.

Lernen Kinder jenseits dieser Altersgrenze die „zweite" Muttersprache, wird dafür eine neue Gehirnregion aufgebaut. Diese Kinder beherrschen die Sprache zwar sehr gut, können die zweite aber meist nicht akzentfrei sprechen.

Aus solchen Beobachtungen und Erkenntnissen lassen sich Merkmale für die Organisation und Durchführung für einen erfolgversprechenden Fremdsprachenunterricht erkennen.

- Eintauchen in die Sprachumgebung

Wenn wir davon ausgehen können, dass das Gehirn eines sechsjährigen Kindes die Sprache mit ihren Regeln selbstständig aus der Umgebung extrahiert, kann nur das Eintauchen in die Sprachumgebung die richtige Methode sein. Das heißt, dass der Englischunterricht ausschließlich (bis auf die Reflexionsphasen) in Englisch stattfinden soll. Zu Beginn gibt die Lehrerin einfache Anweisungen, die durch eine entsprechende Körpersprache begleitet werden. Dadurch sind die Kinder in der Lage, diese Anweisungen umzusetzen. Nach vielen Wiederholungen werden sie nach und nach die Wörter verstehen und nachsprechen wollen. Dieses Eintauchen in die Sprache zwingt das Kind, die Bedeutung des Gesagten aus dem zu erschließen, was um es herum geschieht und was es wahrnimmt. Es ist dadurch immer aktiv am Aneignungsprozess beteiligt.

- Sprachanwendungssituationen schaffen

Schon die Untersuchungen zur Pädagogik der frühen Kindheit zeigen, wie stark bestimmte Umweltfaktoren auf die Sprachentwicklung von Kindern einwirken (vgl. FRIED/ROUX 2006, 173). Hier hat man diese Tatsache dahingehend genutzt, dass man wirkmächtige Umweltfaktoren, wie z. B. die Inputsprache der Erzieherin, so gestaltet, dass Kinder eine für ihre Sprachentwicklung förderliche Umwelt vorfinden (FRIED/ROUX 2006, 173).

Eine angstfreie und spielerische Sprachsituation wird es dem Kind erleichtern, einfach „draufloszuplappern“, um Gelerntes zu erproben. Bei Unterrichtsbeobachtungen zeigt sich, dass die Kinder mutig die Muttersprache mit der Fremdsprache mischen. Dies führt oft auch zu eher komischen Situationen, in denen alle herzhaft lachen können. Auch wenn die Kinder untereinander Englisch sprechen und das Verstehen durch eine übertriebene Körpersprache unterstützen, führt das zu einer gelösten lockeren Lernatmosphäre. Die Angst, dass sich eine falsche Aussprache oder ein falscher Satzbau einprägen würden, ist eher unbegründet. Die Kinder haben ja immer wieder die Gelegenheit, sich an der Sprache der Lehrerin zu orientieren. Zu frühe und ständige Korrekturen durch die Lehrerin können eher die Motivation und den Mut zu sprechen nehmen.

- Hilfsmittel zum Verstehen bieten

Wichtige und notwendige Hilfsmittel zum Hörverstehen der fremden Sprache sind nonverbale Mittel wie Mimik, Bewegung, aber auch Bilder. Sie erleichtern es dem Kind, z.B. Aufforderungen zu verstehen oder Wörter mit Sinn zu füllen. Diese Hilfsmittel dienen am nächsten Tag als Gedächtnisstütze und helfen bei der Erinnerung. Hilfsmittel können aber auch Bewegungen sein, die zu Sätzen oder Liedern ausgeführt werden. Auch diese sind eine Methode, sich die fremde Sprache zu merken.

- Emotionale Zuwendung geben

Wie bei allen anderen Lernphasen ist es auch beim Erlernen der Fremdsprache wichtig, dass Kinder emotionale Unterstützung und positives Feedback erhalten. „Jede Art von Verunsicherung, von Angst und Druck erzeugt in ihrem Gehirn eine sich ausbreitende Unruhe und Erregung. Unter diesen Bedingungen können die dort über die Sinneskanäle eintreffenden Wahrnehmungsmuster nicht mit den bereits abgespeicherten Erinnerungen abgeglichen werden. Es kann nichts Neues hinzugelernt und im Gehirn verankert werden“ (Caspary 2006, 81). Besonders Kinder, die zu Hause nicht die Möglichkeit haben, die Fremdsprache mit den Eltern oder den Geschwistern zu sprechen, brauchen immer wieder positive Verstärkung. Sie haben eben nur die Möglichkeit, die Fremdsprache in der Schule zu lernen, und die Lehrerin ist die einzige Person, die ihre Leistung sieht und verstärken kann.

- Einsatz von guten Materialien nutzen

Der Einsatz geeigneter Materialien ist zur Vertiefung des Gelernten möglich und notwendig. Hierdurch lassen sich zeitnahe Wiederholungsphasen, die

die Kinder brauchen, gut realisieren. Die Phasen der Sprachentwicklung sind in der Theorie zwar einzelnen Alterstufen zugeordnet, der Spracherwerb läuft aber individuell ab. Dies gilt ebenso für den Fremdspracherwerb. Durch den Einsatz der Materialien kann die individuelle Förderung unterstützt werden. Die Kinder nutzen freie Arbeitszeiten, um sich z. B. die CD immer wieder anzuhören. Es gibt mittlerweile eine Fülle von Materialien, auf die die Kinder unterschiedlich ansprechen. Die Lehrerin sollte für die verschiedenen Lerntypen Materialien zur Verfügung stellen und Freiräume schaffen, in denen die Kinder selbstbestimmt Zugang haben.

Konsequenzen für die Unterrichtsorganisation

Bei einem Kontingent von zwei Unterrichtsstunden kann ein Eintauchen in die Sprache kaum gewährleistet sein. Viel zu viel geht verloren, wenn die Phasen des Hörens und Beobachtens zu weit auseinanderliegen. „Aus der Gedächtnispsychologie wissen wir, dass man in kleineren Schritten üben sollte und die Übungszeit verteilen muss" (Caspary 2006, 137).

Sicher sollte die Fachlehrerin zwei Stunden pro Woche Englisch unterrichten, damit die Kinder eine authentische Seh-Hörsituation erleben. Damit es jedoch hinreichend Wiederholungssituationen gibt, muss das Kollegium nach Formen suchen, um den Kindern jeden Tag Hörsituationen anzubieten.

Hierzu einige Vorschläge, die auch eine Lehrerin, die das Fach nicht unterrichtet, umsetzen kann:

Vorschläge für eine Umsetzung	Ziel	durchführende Lehrperson
Jeden Tag ein Lied von der CD abhören und mitsingen lassen	Wiederholung des Gelernten, Qualität der Aussprache ist gewährleistet.	Klassenlehrerin
Täglich eine Hör-CD, z. B. mit einem kurzen Beitrag, anhören	Wiederholung des Gelernten, Qualität der Aussprache ist gewährleistet.	Klassenlehrerin
Bestimmte Aufforderungen werden immer in Englisch gesprochen.	Wiederholung des Gelernten, Hörverstehen unter Zuhilfenahme nonverbaler Mittel.	Klassenlehrerin, nach Anleitung durch die Fachlehrerin

Die Fremdsprache wird auch in anderen Fächern, z. B. Musik, Kunst oder Sport benutzt.	Möglichkeiten des Hörverstehens bieten	Fachlehrerin
Vorlesesituationen schaffen.	Möglichkeiten des Hörverstehens bieten	Eltern, die eine Qualifikation nachweisen können
Die Klasse 1 ist einmal in der Woche mit der Klasse 4 zusammen. Die Kinder dürfen sich untereinander unterhalten oder ein Spiel spielen. Während dieser Zeit dürfen sie nur Englisch sprechen.	Diese Unterrichtssituation ist ausschließlich eine Sprechsituation. Aktives Sprechen dient der neuronalen Vernetzung.	Fachlehrerin oder Klassenlehrerin
Die Englischlehrerin unterrichtet ihre eigene Klasse und die Parallelklasse gleichzeitig, z. B. beim Erlernen eines Liedes. Dadurch erhalten die Kinder vorübergehend vier Stunden Englisch in der Woche. Die Kollegin ist als Teamlehrerin anwesend.	Möglichkeiten des Hörverstehens bieten	Fachlehrerin, Lehrerin der anderen Klasse

Literaturtipps

Brodin, Marianne/Hylander, Ingrid (2002): Wie Kinder kommunizieren. Daniel Sterns Entwicklungspsychologie in Krippe und Kindergarten. Weinheim: Beltz.

Caspary, R. (Hrsg.) (2006): Lernen und Gehirn. Der Weg zu einer neuen Pädagogik. Freiburg im Breisgau: Herder.

Fried, Liliane/Roux, Susanna (Hrsg.) (2007): Pädagogik der frühen Kindheit. Handbuch und Nachschlagewerk. Berlin: Cornelsen Scriptor.

Radigk, Werner (2006): Wie lernen Kinder sprechen, lesen und schreiben? Ein Studienbuch zum Spracherwerb. Berlin: Cornelsen Scriptor.

Spitzer, Manfred (2006): Nervenkitzel. Neue Geschichten vom Gehirn. Frankfurt am Main: Suhrkamp.

10 Englisch in jahrgangsübergreifenden Klassen

Michaela Sambanis

Jahrgangsübergreifende Klassen

In mehreren Bundesländern gibt es Klassen, in denen Kinder unterschiedlicher Alters- und Klassenstufen gemeinsam unterrichtet werden. Die Jahrgangsmischung im Bereich der Schuleingangsstufe (Klasse 1 und 2) ist dabei die am weitesten verbreitete Form. Anders als in früheren Jahren, als die Altersmischung in ländlichen Gegenden oft die einzig mögliche Organisationsform darstellte, um alle Kinder vor Ort beschulen zu können, handelt es sich heute um ein pädagogisches Reformkonzept, das es erlauben soll, besser auf die Bedürfnisse der Kinder einzugehen, ihre soziale Entwicklung zu stützen und ihre Fähigkeit zu eigenverantwortlichem Lernen bestmöglich zu entfalten. Durch eine Flexibilisierung der Verweildauer in der jahrgangsübergreifenden Eingangsstufe können sich die Schüler, ihrem Lern- und Entwicklungsrhythmus entsprechend, mit dem Stoff der Klassen 1 und 2 in einem halben Jahr, einem Jahr, zwei oder mancherorts sogar in drei bis vier Jahren auseinandersetzen. Einige Schulen führen die Jahrgangsmischung auch in den übrigen Grundschulklassen weiter, in Baden-Württemberg wurden außerdem erste jahrgangsheterogene Hauptschulklassen eingerichtet.

► Die Jahrgangsmischung in der Schuleingangsstufe wurde insbesondere durch neuere Studien positiv bilanziert, sodass sie mittlerweile als Alternative zu Jahrgangsklassen diskutiert wird. ◄

Auch die Rückmeldungen aus der Praxis sprechen zum größten Teil für jahrgangsübergreifendes Lehren und Lernen. Begrüßt wird daran unter anderem die Möglichkeit, den Primarbereich besser mit dem Elementarbereich zu verzahnen und somit die Kooperation zu intensivieren sowie den

Kindern den Übergang vom Kindergarten in die Grundschule zu erleichtern. Die Zurückstellungsquote vermindere sich durch Jahrgangsmischung, und langfristig könne eine Senkung des Durchschnittsalters der Schulabgänger durch Erhöhung der Vorzeitigenquote erreicht werden. Außerdem gibt es Hinweise darauf, dass Schulkinder in sozialer und in kognitiver Hinsicht von der Altersmischung profitieren.

Es ist daher anzunehmen, dass die Jahrgangsmischung an Bedeutung gewinnen wird. Die wissenschaftliche Begleitung der jahrgangsübergreifenden Eingangsstufen in Baden-Württemberg (Schulanfang auf neuen Wegen) beispielsweise bilanziert insgesamt sehr positiv, sogar etwas positiver als die des Berliner Schulversuchs (zu JüL vgl. Kucharz/Wagener 2007), und spricht von „lernbedeutsamen Vorteilen für die Kinder“ (vgl. www.km-bw.de). Folgende Auswirkungen auf die kindliche Entwicklung und das Lernverhalten werden u. a. genannt:

- Im Durchschnitt erreichen die Kinder etwas bessere Leseleistungen als Schüler in Jahrgangsklassen.
- In Mathematik und bei der Entwicklung des Leseverständnisses erweisen sich die jahrgangsübergreifenden Klassen gerade für Risikokinder als vorteilhaft.
- Durch die Jahrgangsmischung werden Helfereffekte zwischen den Kindern gefördert (soziale Kompetenzen). Kinder übernehmen mehr Verantwortung für ihr eigenes Lernen und helfen auch anderen bei der Bewältigung von Aufgaben (Lernen durch Lehren).
- Die Lernbiografie von Kindern, die eine gemischte Eingangsstufe besucht haben, verläuft häufig günstiger als die von Kindern in Jahrgangsklassen. Die Zahl der Kinder aus den jahrgangsgemischten Modellklassen, die später die Hauptschule besuchten, war vergleichsweise gering.
- Sowohl Eltern als auch in jahrgangsübergreifenden Klassen unterrichtende Lehrpersonen befürworten mehrheitlich das Modell der Jahrgangsmischung zumindest für den Eingangsbereich der Grundschule.

Konsequenzen der Jahrgangsmischung

Empirische Studien, die speziell die Aus- und Nebenwirkungen der Jahrgangsmischung auf den Fremdsprachenunterricht beleuchten, liegen bislang in Deutschland nicht vor. Folglich muss sich die Schilderung dieser Auswirkungen zum jetzigen Zeitpunkt noch weitgehend auf Erfahrungsberichte aus der Praxis stützen. Lediglich eine Studie (Sambanis 2007) kann für erste Hinweise herangezogen werden, da die darin eingebettete empirische Erprobung in einer Jahrgangsklasse und einer jahrgangsübergreifenden Klasse durchgeführt wurde. Allerdings lag der Fokus der Untersuchung nicht auf der Jahrgangsmischung, sondern auf der Entwicklung von Sprechhandlungsfähigkeit im Fremdsprachenunterricht der Primarstufe. Bei der Erforschung von Möglichkeiten zur Grundlegung und Entfaltung von zielsprachlicher Sprechhandlungsfähigkeit im Anfangsunterricht wurden dann als unterschiedliche Rahmenbedingungen die *Jahrgangshomogenität* und die *Jahrgangsheterogenität* berücksichtigt.

Nach fast zehnjähriger Praxiserfahrung mit dem Fremdsprachenunterricht in jahrgangsübergreifenden Grundschulklassen kann ich bestätigen, dass sich die Anforderungen an die Lehrkraft von denen unterscheiden, die der Fremdsprachenunterricht in jahrgangshomogenen Klassen stellt. Die Alters-, Entwicklungs- und Leistungsstreuung ist breiter als in Jahrgangsklassen, die Heterogenität der Lerngruppe deutlicher ausgeprägt und weiter gefächert.

► Es gilt, Kinder gemeinsam zu unterrichten, die keine Vorkenntnisse, kaum Vorkenntnisse oder zum Teil schon recht beachtliche Grundlagen in der Zielsprache haben. ◄

Manche Schüler verweilen nur kurze Zeit in der Eingangsstufe und müssen trotzdem, auch in der Fremdsprache, für den Sprung in eine höhere Klasse ausreichend gerüstet sein. Andere besuchen die Eingangsstufe länger als nur zwei Jahre. Ihnen begegnen Themen und Inhalte mehrere Male und sie wollen, obgleich sie Wiederholungen brauchen, dieselben Themen nicht immer wieder auf dieselbe Weise bearbeiten. Von der Lehrperson wird erwartet, dass sie den vielen verschiedenen Ansprüchen und Bedürfnissen der Schüler in jahrgangsübergreifenden Klassen gerecht wird, dass sie für jeden Schüler die geeigneten Anregungen bereitstellt und differenzierte Beteiligungsmöglichkeiten im Unterricht schafft.

Die Lehrerin hat die Progression und die Erreichung von Standards zumindest im Bereich des Hörens, Verstehens und Sprechens zu sichern, sie muss jedes Kind im Auge behalten, soll aber trotzdem den roten Faden nicht verlieren. Kinder im ersten Schuljahr dürfen nicht überfordert, die Fortgeschrittenen nicht unterfordert werden.

Der Fremdsprachenunterricht in der Jahrgangsmischung bedarf einerseits des richtigen Maßes an Flexibilität, andererseits aber auch gewisser Verbindlichkeiten und einer wohlüberlegten Systematik. Wie in der Praxis das Ausbalancieren zwischen Flexibilität und Systematik gelingen kann, sodass eine spracherlebnis- und sprachlernförderliche Umgebung für alle geschaffen wird, soll im Folgenden anhand von FAQs (*frequently asked questions*) aus Lehrersicht geschildert werden. Daran schließt sich der Entwurf einer exemplarischen Unterrichtssequenz für jahrgangsheterogene Grundschulklassen mit verschiedenen Praxisimpulsen an, die auch für jahrgangshomogene Klassen entlehnt werden können.

Lehrerfragen

Welche unterrichtsmethodischen Überlegungen sind anzustellen?

Im Fremdsprachenunterricht ist die Lehrkraft eine wichtige Bezugsperson und zugleich das sprachliche Medium: Sie transportiert und verkörpert die Zielsprache, sie stellt Höreindrücke zur Verfügung, bringt Materialien mit und behandelt mit den Kindern altersgemäße Themen in der Zielsprache. Im Anfangsunterricht der Klassen 1 und 2 gibt sie vor allem Gelegenheit zum Training des Hörverstehens und zum experimentierenden Sprechen, wodurch sie Lernprozesse im Bereich der Primärfertigkeiten (Hören, Sprechen) initiiert. Die Kinder brauchen zur Sprachaneignung die interpersonelle Interaktion mit der Lehrerin, aber auch Interaktionen untereinander und miteinander (vgl. SAMBANIS 2007, 137 ff.). „Menschliches Lernen vollzieht sich [...] in der Gemeinschaft, und gemeinschaftliche Aktivitäten bzw. gemeinschaftliches Handeln ist wahrscheinlich der bedeutsamste ‚Verstärker'". (SPITZER 2002, 181) Ergänzend zu gemeinsam getragenen Unterrichtsaktivitäten können sich die Kinder in Phasen des individualisierten Lernens und beim Arbeiten mit einem oder mehreren Lernpartnern vertiefend auf unterschiedliche Weise mit Inhalten auseinandersetzen.

▶ Variable Interaktionen und gemeinschaftliches Handeln mit der Zielsprache und durch die Zielsprache sollten den Eckpfeiler des Fremdsprachenunterrichts in jahrgangshomogenen und in jahrgangsübergreifenden Klassen bilden. ◀

Dabei sind auf ein Ziel hin ausgerichtete Hörgelegenheiten mit Sprech- und Aktionsmöglichkeiten so zu verknüpfen, dass sowohl den Kindern im ersten Schuljahr als auch den Fortgeschrittenen Erfolgserlebnisse ermöglicht werden, dass die Progression sichergestellt werden kann und dass sich allen Kindern angemessene Partizipationsmöglichkeiten eröffnen (Hörverstehen leisten, nonverbales Reagieren, Mit- oder Nachsprechen, produktives Sprechen, Handeln durch Sprechen).

Wie erreiche ich alle Kinder – ohne zu überfordern, ohne zu unterfordern?

Für die Kinder der Klasse 2 ist es wichtig, die für sie vorgesehenen Standards konsequent zu verfolgen bzw. zu Schuljahresbeginn das angestrebte Könnensprofil mithilfe eines Lehrwerks für das zweite Schuljahr auszuarbeiten und diese Konkretisierung dann als Leitlinie zu verwenden.

In jahrsgangsübergreifenden Klassen bestehe die Gefahr, so einige Rückmeldungen aus der Praxis, die Fortgeschrittenen zu unterfordern und somit letztlich die für das zweite Schuljahr vorgesehenen Ziele nicht vollständig zu erfüllen. Sollte sich dies bewahrheiten, so bedeutete es in der Konsequenz, dass die Schüler aus der jahrgangsübergreifenden Eingangsstufe beim Übergang in Klasse 3 zumindest in der Fremdsprache schlechter abschnitten als Schüler aus jahrgangshomogenen Klassen. Da hierzu noch keine Studien vorliegen, können diese von einzelnen Lehrerinnen geäußerten Befürchtungen und subjektiven Wahrnehmungen zwar bislang weder belegt noch widerlegt werden, aber es ist grundsätzlich dafür Sorge zu tragen, dass die Kinder in keinem Lernbereich, auch nicht im fremdsprachlichen, benachteiligt werden.

Ein wichtiger Schritt, um Kinder unterschiedlicher Kompetenzniveaus gleichermaßen erreichen zu können, besteht darin, ein ausgewogenes Verhältnis zwischen gemeinschaftlichen Aktionen und differenzierenden Angeboten zu schaffen. Bei der Unterrichtsplanung bietet es sich an, jede Unterrichtsstunde bzw. fremdsprachliche Sequenz zumindest als vierphasige Einheit zu betrachten:

1. Gemeinsamer Beginn unter Einbeziehung von Ritualen, musischen Elementen usw. nach Möglichkeit mit Einstimmung auf das Thema.

2. Kernphase, in der sich alle Kinder an gemeinschaftlichen Unterrichtsarrangements beteiligen. Diese fokussieren einen thematischen Schwerpunkt (z.B. Jahreszeiten, Jahreskreis) oder vernetzen unterschiedliche Themen (z.B. Jahreskreis, Kleidung und Freizeitaktivitäten). Sie bieten Hörgelegenheiten an, öffnen sich aber auch dem Sprechen, sodass Kinder durch Kollektivantworten oder Einzelbeiträge in der Zielsprache auch schon sprechend in die gemeinschaftlichen Aktionen eingreifen können und nicht auf die Rezipientenrolle festgelegt werden.

3. Vertiefende und, bei Bedarf, differenzierende Angebote: Im Anschluss an die gemeinsam durchgeführte, von der Zielsprache getragene Aktivität, in deren Zentrum ein bestimmter Zielwortschatz stand, können unterschiedliche *follow-up-activities* angeboten werden. Sie dienen der Festigung, dem Üben, der vertiefenden Auseinandersetzung und auch der Differenzierung.

Werden Angebote zur Verfügung gestellt, die von den Kindern weitgehend selbstständig bearbeitet werden können, kann die Lehrkraft sich in dieser Phase mit einzelnen Kindern oder Lernergruppen befassen, gezielt fördern und fordern oder auch Lernstandsbestimmungen durchführen.

4. Gemeinsamer Abschluss der Unterrichtssequenz je nach Thema oder ritualisierend.

► In der Kernphase des Unterrichts können alle Kinder in Ko-Aktionen (vgl. SAMBANIS 2007, passim) eingebunden werden. Ziel dieser gemeinschaftlich auszugestaltenden Arrangements ist die Entwicklung der Primärfertigkeiten, der Aufbau der Lexik und, durch die Ermöglichung von Spracherleben und Sprachanwendung, die Anlage von Sprechhandlungsstrategien. ◄

Lehrkräfte berichten oft, dass sich Sprachlernanfänger in jahrgangsgemischten Klassen vieles von den Fortgeschrittenen „abschauen" und dass sie eifrig darauf hinarbeiten, deren Wissens- und Könnensvorsprung aufzuholen. Einerseits wirkt sich dies positiv, als Schubkraft des Aneignungsprozesses aus, andererseits ist aber dieses Gefälle auch ein sensibler Punkt, denn die Bewunderung der „Kleinen" darf nicht in Frustration umschlagen. Aus diesem Grund ist es im jahrgangsübergreifenden Fremdsprachenunterricht besonders wichtig, unterschiedliche Partizipationsmöglichkeiten mit entsprechend variablen Gewinnchancen anzubieten. Einige Lehrkräfte empfinden es als schwierig, die Progression der Kinder im zweiten Schuljahr sicherzustellen und wünschten sich auch für den Fremdsprachenunterricht Kooperationsstunden, in denen nach Leistungsstand differenziert und von zwei Lehrerinnen zeitlich parallel mit zwei Gruppen gearbeitet werden könnte. Allerdings werden die Kooperationszeiten in der Regel für die Fächer Mathematik und Deutsch und hier vor allem für Einführungen und Lernstandskontrollen benötigt.

Wie kann ich differenzieren?

In jeder Unterrichtssequenz ist es möglich, Angebote zu schaffen, die die Kinder je nach Lern- und Leistungsstand selbstständig auswählen und alleine oder im Austausch mit anderen bearbeiten (s. o. Schritt 3). Da aber die Lehrerin als Interaktions- und Ansprechpartner gerade im fremdsprachlichen Anfangsunterricht von großer Bedeutung ist, kann der Wunsch zahlreicher Lehrkräfte nach Zeiten des in Anfänger- und Fortgeschrittenengruppen getrennten Arbeitens und Lernens gut nachvollzogen werden.

Es geht dabei nicht nur um kurze Phasen, die in das sonstige Unterrichtsgeschehen eingebettet werden, um rasch zwischendurch ein paar Minuten lang in einer Zimmerecke mit einer Kleingruppe im Flüsterton zu arbeiten, während die übrige Klasse nicht gestört werden darf und weiter zu beaufsichtigen ist. Es geht vielmehr um den Wunsch, über Zeiten zu verfügen, in denen die nötige Ruhe und Konzentration erreicht werden kann, um ohne Zeitdruck und effektiv mit einzelnen Schülergruppen zu arbeiten.

Der Anfangsunterricht in der Fremdsprache sollte zwar vorrangig gemeinschaftlich ausgestaltet werden, doch kann man in einzelnen Stunden die Klasse auch in zwei Gruppen aufteilen. Dazu muss kein Kooperationslehrer eingesetzt werden. Alternativ sind zumindest zwei recht einfache organisatorische Modelle denkbar:

1. Bei mehrzügigen Grundschulen kann der Fremdsprachenunterricht in Parallelklassen entweder bereits im Stundenplan oder nach Absprache mit der betreffenden Kollegin in dieselben Schulstunden gelegt werden. Der Fremdsprachenunterricht muss deshalb nicht immer zu diesen Zeiten en bloc abgehalten werden, die Lehrerin kann auch kürzere Sequenzen über die Woche verteilen.

Bei Bedarf ist es durch die Parallelplanung aber jederzeit möglich, die Klassen in Anfänger und Fortgeschrittene aufzuteilen: Eine sich aus Kindern beider Klassen zusammensetzende Anfänger-Gruppe wird von der einen Lehrkraft in deren Klassenzimmer unterrichtet, während die Fortgeschrittenen-Gruppe mit der anderen Lehrkraft in deren Klassenzimmer arbeitet. Um Stigmatisierungen (*Die Guten bleiben hier, die anderen müssen rüber ins Zimmer der b!*) vorzubeugen und um individuellen Entwicklungsprozessen Rechnung zu tragen, kann man die Zusammensetzung der Gruppen immer wieder leicht variieren.

2. Mit Einverständnis der Schulleitung ist es ebenso denkbar, pensionierte Lehrpersonen oder sogenannte Leseomas einzubeziehen. Während sie den Kindern bei der Wochenplanarbeit als Lernberater zur Seite stehen, können einzelne Schülergruppen mit der die Fremdsprache unterrichtenden Lehrkraft, z. B. im Nachbarzimmer oder, wenn nötig, auf dem Flur weiterarbeiten bzw. aufarbeiten.

Kann ich ein Lehrwerk nutzen?

Der Einsatz eines Lehrwerkes wird von den meisten Lehrkräften als hilfreich angesehen, wenngleich sich die unterrichtlichen Interaktionen, so belegt es u. a. die Studie Gangls (2003, 52), nicht auf Lehrbuchangebote beschränken sollten.

▶ Das Lehrwerk erleichtert die Unterrichtsvorbereitung, stellt Anregungen und Materialien zur Verfügung, hilft, den Überblick zu behalten und entlastet die Lehrkraft. ◀

Bei einem Lehrer- bzw. Klassenwechsel bietet das Lehrwerk eine Ausgangsbasis, an der die Sondierung des Kenntnisstandes und das Anknüpfen ansetzen können.

Allerdings sollten bei der Stoffverteilung und der Unterrichtsplanung zugleich die Bände für Klasse 1 und 2 in den Blick genommen werden. Die Inhalte sind nicht zwingend der Reihe nach zu behandeln, sondern eher modular, ausgehend von thematischen Kernen. Der Einsatz von lehrbuchunabhängigen Zusatzmaterialien ist in jahrgangsübergreifenden Klassen, als Ersatz oder ergänzend zum Lehrwerk, hilfreich, weil darin unterschiedliche Impulse und Arbeitsvorlagen gefunden und im Unterricht nach Bedarf kombiniert werden können. Auf diese Weise ist es möglich, jedes Thema mehrfach, aber trotzdem nicht gleichförmig zu behandeln, sodass alle Kinder, Anfänger und Fortgeschrittene, Seiteneinsteiger und im Februar eingeschulte, erreicht werden können.

Am einfachsten ist es, bei Übernahme des Fremdsprachenunterrichts in einer jahrgangsübergreifenden Klasse zur Stoffverteilung die beiden Lehrwerksbände für die entsprechenden Schuljahre, d. h. in der Eingangsstufe für Klasse 1 und 2, hinzuzuziehen und jedes Thema mit guten Zusatzmaterialien zu unterfüttern. Für die Hand der Schüler kann man als Verbrauchsmaterial so genannte *activity books* bestellen. Aus Kostengründen empfiehlt es sich, im einen Schuljahr das für Klasse 1 einzusetzen und im nächsten Schuljahr das für Klasse 2.

Wie plane ich die Progression?

Die durch den Einsatz gemeinschaftlich getragener Sprechhandlungen erwirkte Progression ist kommunikativ-interaktiv. Sie basiert in sprachlicher Hinsicht vor allem auf einer sich zunehmend erweiternden Lexik – rezeptiv und (re-)produktiv, die sich durch die frühe Auf- und Übernahme erster Redewendungen bereits im Anfangsunterricht mit der Syntaxentwicklung verzahnt. In strategischer Hinsicht werden vor allem Sprechhandlungsstrategien und Lern- und Arbeitstechniken trainiert sowie Strategien zur Speicherung, Vernetzung und zum Abrufen von Sprachmaterial.

▶ Die Progression sollte spiralförmig organisiert, d. h. zyklisch um thematische Kerne angelegt werden. ◀

Zwischen den einzelnen Themen und den sich daraus speisenden Arrangements sind Schnittmengen zu bilden. Doch nicht nur auf thematischer Ebene, sondern auch auf lexikalischer und im Hinblick auf kommunikative Kontexte sind vielfältige Verknüpfungen, Wiederaufnahmen und Erweiterungen zu schaffen, sodass die Unterrichtsaktivitäten letztlich um die thematischen Kerne herum konzentrische Kreise bilden, die eine sanfte Steigerung des Anspruches an die Kinder bewirken.

In jedem Schuljahr sind alle für die Klassen 1 und 2 vorgesehenen Themen im Stoffverteilungsplan zu verankern. Am besten wird die Progression, zumindest in groben Zügen, gleich für zwei Schuljahre geplant und bei der Planung vermerkt, wie das Thema im einen und wie es im nächsten Jahr behandelt werden soll (wird z. B. in einem Jahr zum Thema *Farben* ein Kinderbuch eingesetzt, kann das Thema im nächsten Jahr ausgehend von den Angeboten im Lehrmaterial oder in den Kunstunterricht eingebettet bearbeitet werden). Die jeweiligen Ziele der themengleichen Module sollten in den beiden Schuljahren der Eingangsstufe nicht genau deckungsgleich sein, sondern auch Möglichkeiten zur Weiterentwicklung z. B. im Hinblick auf Redemittel oder auf interkulturelle Wahrnehmungen bieten.

Ablauf einer exemplarischen Unterrichtssequenz

Einstiegssequenz:
Dauer: ca. 10 Minuten
Das Symbol für *Time for English!* wird hervorgeholt (eine kleine Flagge, die Handpuppe, Kappen für jedes Kind, die zugleich als Namensschilder dienen können oder Ähnliches).

► Mit dem Ritual *Wachstupsen* begrüßen sich die Kinder und die Lehrkraft in der Englischzeit. ◄

Alle Kinder legen den Kopf auf die Unterarme und entspannen sich. Sie dürfen die Augen schließen und so tun, als ob sie schliefen. Die Lehrkraft schleicht zu einem Kind, stupst es sanft an der Schulter an und flüstert: *Wake up!* Wenn das Kind die Augen öffnet, fügt sie „*Good morning* (Schülername)" hinzu und das Kind erwidert den Gruß. Dann schleicht der geweckte Schüler zu einem anderen Kind und grüßt es auf die gleiche Weise.

Wenn alle Kinder wach gestupst sind, kann gemeinsam ein Morgenlied auf Englisch gesungen werden (z. B. *Good morning to you*).

Kernphase:
Im Zentrum steht die Rahmengeschichte (*Frame-Story*) *Let's go on a treasure hunt.*

▶ Rahmengeschichten (Sambanis 2007, 218 ff.) bestehen aus einer einführenden und einer abschließenden narrativen Rahmung (*narrated frames*), an denen sich die Kinder, wie an sonstigen Erzählereignissen auch, beteiligen können (durch Hantieren mit Objekten, Mitwirken an Tafelzeichnungen, durch lautliche Untermalungen usw.), doch wird bei Rahmengeschichten nicht die gesamte Geschichte erzählt, sondern eine entscheidende Situation wird herausgelöst und als interaktive Phase (*co-active slot*) ins Klassenzimmer transferiert. ◀

Durch die einleitende Erzählrahmung werden die Kinder sozusagen in eine Geschichte hineingeführt. Dann bahnt sich eine Komplikation an, die aber im Folgenden, anders als bei traditionellem *storytelling,* nicht narrativ gelöst wird, sondern gemeinschaftlich interaktiv durch das Eingreifen der Kinder in den *co-active slot*. Der *co-active slot*, die zentrale Sequenz, setzt bei der Lerneraktivität andere Akzente als die narrative Rahmung (zur Unterscheidung von *storytelling* und *creating stories* vgl. Wright 1997, 2) und lockt oftmals selbst scheue Kinder aus der Reserve. Schließlich wird das Ergebnis des *co-active slot* in der narrativen Schlussrahmung aufgegriffen und bei Bedarf zu einer endgültigen Lösung geführt. Erst dann ist die *Frame-Story* abgeschlossen.

Rahmengeschichte *Let's go on a treasure hunt!*
Thema: Märchenwelten (Piraten, Schatzsuche)
Im *co-active slot* lassen sich Übungen und Wortschatz zu jedem beliebigen Thema einbinden, sodass thematische Verknüpfungen hergestellt, Wortschatzeinführung und -wiederholung zusammengebracht werden können (Schnittmengen bilden, spiralige Progression, Vernetzungen fördern).
Dauer: 10–20 Minuten (variabel, je nachdem, wie viele Stationen in den *co-active slot* eingefügt werden)
Material: Bild eines alten Piraten, Bild eines blau-rot gefiederten Papageis, Tafel, Schatzkarten, eine „Schatztruhe“

Smiley Sam (Bild eines Piraten) *is a pirate. All his life, he has sailed the seven seas but now, he's old. He's really old and very, very tired.*
He lives in a small house, made of wood that looks like a ship (Tafelskizze: schiffförmiges Haus, Piratenflagge statt Kamin). *Look, this is Smiley Sam's*

house. Can you see the scull and crossbones? Well, no doubt, this is the house of a real pirate.
Smiley Sam lives there with his parrot [Bild eines Papageis], a beautiful bird with red and blue feathers, but quite cheeky, well, at least from time to time. The parrot's name is Lady Lucille.
All her life, she has sailed the seven seas together with Smiley Sam and she knows about a secret treasure (Schatzkiste zeichnen oder Bild), *hidden far, far away from their small house in a country called Germany. Lady Lucille wants to find the lost treasure. It is not pirate gold but Lady Lucille's personal treasure!*
"Go on a treasure hunt, Smiley Sam! Go and get the treasure, old pirate! Ship ahoy!" she says. "Go on a treasure hunt, Smiley Sam! Go and get the treasure, old pirate! Ship ahoy!"
"Be quiet, Lucille," says Smiley Sam. "I'm too old and too tired."
"Go on a treasure hunt, Smiley Sam! Go and get the treasure, old pirate! Ship ahoy!"
"Please, Lucille, I can't. I'm a very old pirate, too old to sail the seven seas again."
"Go on a treasure hunt, Smiley Sam! Go and get the treasure, old pirate! Ship ahoy!" she says over and over again.
"No!"
"Go on a treasure hunt, Smiley Sam! Go and get the treasure, old pirate! Ship ahoy!"
"Stop it! You're getting on my nerves. You know very well that I can't and I won't".
Smiley Sam shakes his head, rolls his eyes and takes an old scroll from his table.
"The treasure," he mumbles.
Then, Smiley Sam opens the window and throws the scroll out of the window.
"No! Not the scroll!" Lady Lucille shouts. Too late, it has already been blown away by the wind.
"Now, that's settled. No more scroll, no more treasure hunt" says the old pirate, takes a deep breath and closes the window.
"Mean old pirate, mean old pirate! Mean old man, mean old man!" she says over and over again.

Poor old Smiley Sam, the bird is getting on his nerves.
And poor Lady Lucille, she really wants the treasure.

Co-active slot

Hum, that's too bad for both of them, for Smiley Sam and for Lady Lucille, too. If only we could help them! Would you like to find the treasure? [...] Well then, look at this. Do you think this could be the scroll or, at least, at part of it? I think so. Maybe we can find the treasure. Wouldn't that be great?

Der erste Teil der Schatzkarte gibt Hinweise auf die Schule und das Zimmer der Klasse. Das Lehrerpult ist zu erkennen. Eine erste Schülergruppe wird daher ans Pult geschickt, wo sie eine Aufgabe erfüllen muss, um den zweiten Teil der Schatzkarte mit Hinweis auf die nächste Station, z. B. die Tafel, zu erhalten. Nur durch die Lösung verschiedener Aufgaben kann nämlich der Bann gebrochen werden, der auf dem Schatz liegt (*We have to break the spell!*). Wenn Gruppe 1 die Aufgabe gelöst hat (z. B. Bildkarten benennen, das alte Seefahrerlied *What shall we do* singen, „Piratenwörter" nachsprechen), übergibt sie das nächste Stück der Karte an einige Klassenkameraden (jedes Kind aus Gruppe 1 ruft ein Kind auf), die zusammen die zweite Gruppe bilden.

An mehreren Stationen (je nach Schülerzahl 3–6) warten Aufgaben auf die Kinder, bis die letzte Gruppe schließlich an den Schrank geführt wird, in dem sie weit hinten oder ganz unten eine Kiste entdeckt. Da oftmals Kinder, die von der Klasse weniger als Sympathieträger betrachtet werden, beim Aufrufen durch Klassenkameraden warten müssen, bis auch sie schließlich benannt werden, können sie hier in gewisser Weise entschädigt werden: Sie sind bei *Let's go on a treasure hunt!* nicht etwa die „Übriggebliebenen", sondern vielmehr die eigentlichen Finder des Schatzes und somit letztlich die wichtigsten Aktanten in diesem *co-active slot*. Die Kiste wird von diesen Kindern geöffnet. Darin befindet sich eine Packung Vogelfutter für *Lady Lucille* und außerdem z. B. eine Tüte Schoko-Goldtaler als Belohnung für alle Schatzsucher. Ferner liegt ein an *Lady Lucille* und *Smiley Sam* adressierter Umschlag bei. Dort hinein soll, so die Anweisung an der letzten Station, das Vogelfutter gesteckt und dann der Lehrkraft zum Rücksenden mitgegeben werden.

Die *Frame-Story* könnte an dieser Stelle narrativ abgeschlossen werden oder bis zur nächsten Stunde offen bleiben: der Umschlag wird angeblich versandt und eine Antwort, z. B. eine Flaschenpost mit der Nachricht *Thank you!*, gezeichnet vom Piraten und seinem Papagei, könnte bei den Findern bzw. bei der Lehrkraft eingehen.

Follow-ups

Im Anschluss an die *Frame-Story* sollten weiterführende und vertiefende Aktivitäten angeboten werden, damit die Kinder genügend Gelegenheiten zur Verarbeitung bekommen. Dabei lässt sich zum Teil mit der gesamten Lerngruppe, zum Teil aber auch differenzierend arbeiten. *Follow-up*-Aktivitäten müssen nicht zusammen mit dem Erzählereignis in dieselbe Unterrichtsstunde gegeben werden, sondern sie können als kürzere Unterrichtssequenzen in den nächsten Tagen folgen.

Gemeinsam mit allen Kindern

- kann eine Bildfolge geordnet, die Piraten-Geschichte rekonstruiert und dabei nochmals erzählt werden (gemeinsames Ergänzen des Textverständnisses, Wortschatzarbeit, Training des Hörverstehens und des Sprechens).
- kann ein Piraten-Memory mit großen Bildkarten gespielt werden. Diese sind an der Tafel kopfüber, verdeckt aufgehängt, sodass die Bilder beim Hochklappen richtig herum stehen und von allen Kindern gut gesehen werden können (Wortschatzarbeit).
- kann eine Hör- und Ausspracheübung z.B. zum L-Laut im Englischen durchgeführt werden (möglicher Übungswortschatz: *Lady Lucille, all his life, table, old, Smiley Sam rolls his eyes, well, a letter*, ergänzbar durch *lemon, lemonade, fly, lion, lunch box* und andere, den Kindern bereits bekannte Wörter).

Außerdem kann die Geschichte auch in anderen Fächern als Impuls dienen. Verknüpfungen können u. a. geschaffen werden zu

- Deutsch: Piratenwörter auf Deutsch sammeln, ein paar Sätze zur Geschichte mithilfe der Anlauttabelle schreiben.
- Mathematik: Rechengeschichten und Textaufgaben mit *Smiley Sam* und seinem bösen Widersacher *Bad Bill* erfinden, die ihre Goldmünzen zählen (Addition), sich immer wieder gegenseitig bestehlen (Subtraktion), am Ende aber Frieden schließen, zusammenlegen und die Münzen gerecht aufteilen (Halbieren).

Darüber hinaus können im Fremdsprachenunterricht Aktivitäten zur Differenzierung und zur Individualisierung angeschlossen werden. In jahrgangsübergreifenden Klassen ist es einerseits besonders wichtig, die Heterogenität der Lerngruppe anzunehmen, andererseits kann es, wie gesagt, zur Sicherung der Progression auch notwendig sein, in manchen Unterrichtsphasen mit etwas leistungshomogeneren Gruppen zu arbeiten. Während die Kinder auf Anfängerniveau beispielsweise nach bildlicher Anleitung selbstständig ein Boot falten, dazu eine Piratenflagge anmalen, diese an ein Holzstäbchen kleben und das Ganze auf Tonpapier aufbringen (Verknüpfung zum Fach Kunst) sowie schließlich mit Sand einen Küste gestalten (Fläche mit Kleber bestreichen, Sand aufstreuen), kann die Lehrkraft mit den Kindern im zweiten oder dritten Schuljahr gezielt an der Wortschatzsicherung arbeiten, eine Lernstandskontrolle durchführen oder sie beim Ausfüllen eines Arbeitsblattes unterstützen.

► Arbeitsblätter können häufig ohne allzu großen Aufwand in einer schriftbildfreien Version und in einer Fassung mit Schriftbildern vorgelegt werden, aus denen sich die Kinder dann die für sie passende Version auswählen. Schrifteinsatz oder -verzicht sollte jedoch nicht die einzige Form der Differenzierung sein. ◄

Da Schulanfänger in der Regel erst nach und nach umfassend alphabetisiert werden, sind fremdsprachliche Schriftbilder in der Eingangsstufe ohnehin nur in Maßen anzubieten, und zwar so, dass sie die Entwicklung der mündlichen Fertigkeiten stützen, nicht aber die Mündlichkeit im Anfangsunterricht zurückdrängen.

Eine Wortschatzsammlung, bestehend aus Bild-Wort-Karten, stellt ein Medium dar, mit dem die Kinder bald selbstständig arbeiten können (alleine oder mit Partnern Karten ziehen, benennen, sortieren, Sätze, Lieder oder Reime assoziieren, semantische Netze oder Merkmalsnetze bilden usw.). Hierbei können Fortgeschrittene und Sprachlernanfänger sehr gut zusammenarbeiten und Lernpartnerschaften bilden. Die Lehrkraft erhält die Möglichkeit, gezielt zu beobachten. Diese Form der Wortschatzarbeit kann regelmäßig im Wochenplan verankert werden. Im Anschluss an die Piraten-Rahmengeschichte können der Sammlung Wörter und Wendungen wie *pirate, parrot, go on a treasure hunt, sail, you're getting on my nerves* usw. hinzugefügt werden.

Als weitere *Follow-up-activity*, die schon von Sprachlernanfängern in Gruppen ohne direkte Beaufsichtigung durch die Lehrkraft durchgeführt werden kann, bieten sich die Spiele *Montagsmaler* oder *Pantomime erraten* an. Ein Kind zeichnet etwas zur Geschichte oder mimt und die übrigen versuchen das Gemalte bzw. Dargestellte in der Zielsprache zu benennen. Um sicherzugehen, dass dabei zielsprachlich geraten und benannt wird, ist gegebenenfalls vor Spielbeginn ein Spielleiter einzusetzen, der das Geschehen überwacht. Auf dieselbe Weise können auch die Memory-Karten in Gruppenarbeit nochmals zum Einsatz kommen, wobei vereinbart werden muss, dass ein Punkt nur zählt, wenn das auf dem Bild Dargestellte korrekt in der Zielsprache benannt wird.

Wichtig ist, dass die Englisch-Zeit eindeutig abgeschlossen wird. Damit die Kinder wieder aus der Fantasiewelt der Piratengeschichte und der Schatzsuche in die (Schul-)Realität zurückfinden, sollte ein entsprechendes Schlussritual eingesetzt werden: Ein Abschiedslied wird gesungen und das Symbol für die Englisch-Zeit entfernt oder es wird, statt eines Liedes, ein zum Wochentag oder zum Wetter passender Reim gemeinsam, begleitet von Bewegungen gesprochen, z. B. der Regen-Reim:

A raindrop on my nose – splish!
A raindrop on my foot – splash!
Silly rain, go away!
Let the sun come out today,
Shine on me and shine on you,
Dry my nose and dry my shoe.

Schlussphase

Die narrative Rahmung schließt die Geschichte ab, die durch das Eingreifen der Kinder vorangebracht wurde.

Lady Lucille bekam dank der Intervention der Kinder im *co-active slot* ihren Schatz, nämlich die leckerste Sorte Vogelfutter, von der andere Papageien nur träumen können. Und *Smiley Sam* hat endlich Ruhe vor *Lucilles* Gezetere *Go on a treasure hunt, Smiley Sam! Go and get the treasure, old pirate! Ship ahoy!* Beide danken den Kindern auf Piratenart, z. B., wie vorgeschlagen, mit einer Flaschenpost.

Fazit

Der Fremdsprachenunterricht in einer jahrgangsgemischten Klasse kann in der Tat nicht genauso geplant und durchgeführt werden wie der in einer Jahrgangsklasse. Am Beispiel der Rahmengeschichte *Let's go on a treasure hunt!* wurde aufgezeigt, wie unterschiedliche, sowohl gemeinschaftliche als auch differenzierende und individualisierende Angebote entwickelt und umgesetzt werden können, wie Verknüpfungen zu anderen Fächern herzustellen sind, wie der Unterricht geplant werden kann und wie sich Rituale einsetzen lassen.

- Wird der Fremdsprachenunterricht in jahrgangsübergreifenden Klassen als umsichtig geplanter und von der Lehrkraft begleiteter Entdeckungsprozess verstanden, der sich zugleich auf gemeinschaftliche Ereignisse und auf individuelle Auseinandersetzung stützt, für den die interpersonale Interaktion unentbehrlich und die Bildung von variablen Lernpartnerschaften – auch zwischen Fortgeschrittenen und Anfängern – als förderlich angesehen wird, dann kann der Fremdsprachenunterricht von der Jahrgangsmischung sogar profitieren. ◀

Lehrerinnen, die in jahrgangshomogenen und jahrgangsheterogenen Klassen Fremdsprachenunterricht erteilen, bevorzugen häufig, oft nach anfänglicher Skepsis und Unsicherheit, die Jahrgangsmischung, da die Kinder sehr viel voneinander lernen und sich die Dynamik des Unterrichts besonders gut entfalten kann.

Literaturtipps

GANGL, RENATE (2003): Fremdsprachenlernen durch Interaktion. Ein Diskursmodell für die Grundschule. Diss. an der Geisteswissenschaftlichen Fakultät der Karl-Franzens-Universität Graz.

KUCHARZ, DIEMUT/WAGENER, MATTHEA (2006): Jahrgangsübergreifendes Lernen. Eine empirische Studie zu Lernen, Leistung und Interaktion von Kindern in der Schuleingangsphase. Hohengehren: Schneider (Schul- und Unterrichtsforschung, Band 4).

SAMBANIS, MICHAELA (2001): Französischunterricht in einer altersgemischten Eingangsstufe – „Schulanfang auf neuen Wegen". In: Fremdsprachen in der Grundschule (Stuttgart: Ministerium für Kultus, Jugend und Sport), 46–48.

SAMBANIS, MICHAELA (2007): Sprache aus Handeln. Englisch und Französisch in der Grundschule. Landau: VEP – Verlag Empirische Pädagogik (LSKK, Band 14).

SPITZER, MANFRED (2002): Lernen – Gehirnforschung und die Schule des Lebens. Heidelberg, Berlin: Spektrum Akademischer Verlag.

WRIGHT, ANDREW (1997): Creating Stories with Children. Oxford: Oxford University Press.

www.km-bw.de. (Abschlussbericht der wissenschaftlichen Begleitung von *Schulanfang auf neuen Wegen* in Baden-Württemberg).

http://familyfun.go.com (englischsprachige Bastelvorlagen, Anmalbilder, Rezepte usw. zum Thema Piraten und zu vielen anderen Themen).

11 Erfahrungen aus Baden-Württemberg

Renate Hafner

Good morning to you, Bonjour les enfants hieß es schon seit Jahren in vielen Grundschulen in Baden-Württemberg. Seit 2003 aber wird flächendeckend an allen baden-württembergischen Grundschulen ab der ersten Klasse Fremdsprachenunterricht erteilt (in der Rheinebene Französisch, im ganzen übrigen Land Englisch). Alle Kinder, die seit Herbst 2007 in die weiterführenden Schulen wechseln, kommen also mit vier Jahren Fremdsprachenunterricht in die Sekundarstufe. (Kinder aus 400 Pilotschulen haben sogar einen Vorsprung von zwei Jahren.)

Viele Fragen stellten sich Lehrer und Eltern vor dem Fremdsprachenbeginn in der Klasse 1:

- Warum schon in Klasse 1?
- Werden unsere Kinder nicht überfordert?
- Was sind die Ziele? Welches sind die Inhalte?
- Mit welchen Materialien und Medien wird gearbeitet?
- Wie kann man diesen Unterricht organisieren?
- Wie wird Leistung beobachtet und gemessen?
- Wie werden die Eltern informiert?

„Schon in Klasse 1?" So lautete vor Jahren noch häufig die Frage. Heute hingegen heißt es immer öfter: „Warum erst in Klasse 1?" Aus der Hirnforschung sind die Vorteile des frühen Sprachenlernens bekannt. Man weiß, dass der Fremdsprachenerwerb ähnlich dem Mutterspracherwerb bei möglichst frühem Beginn umso leichter erfolgt. Die Eltern wollen ihre Kinder optimal gefördert sehen. Und so finden an vielen Orten private Sprachschulen für Vorschulkinder regen Zulauf. Der frühe Fremdsprachenbeginn ist hier also schon zur Selbstverständlichkeit geworden.

Zentrales Ziel: Sprachlernkompetenz

Ziel des Fremdsprachenunterrichts in der Grundschule ist die Entwicklung von *Sprachlernkompetenz*: sowohl positive Lernhaltung den Sprachen gegenüber als auch Erwerb erster Strategien zum Erlernen von Sprachen.

Dabei erfolgt der Unterricht nach denselben Prinzipien wie der Anfangsunterricht sonst, mit den gleichen grundschulspezifischen Methoden. Wichtig ist dabei z. B.,

- dass Englisch in täglichen kleinen Sequenzen unterrichtet wird,
- dass Lernanfänger nicht sofort zum Sprechen gezwungen sind, sondern dass ihnen eine „Inkubationszeit" zusteht, bis sie selbst zum Sprechen bereit sind, sie ihr Verstehen aber bei Aktivitäten durch Reagieren (Mitspielen) zeigen können,
- dass die Fremdsprache nicht Unterrichtsgegenstand ist, dass nicht „Sprache" unterrichtet wird, sondern „in der Sprache". Über Themen und Situationen, die für die Kinder bedeutsam sind, wird in der Fremdsprache erzählt und gesprochen, in der Zielsprache werden die täglichen Rituale durchgeführt (*Good morning, boys and girls. Come into a circle please. It's Laura's birthday today*).

Keine Schrift?

Die Entwicklung des Hörverstehens ist die wichtigste zu erwerbende Kompetenz, für die der Anfangsunterricht die notwendigen Grundlagen schafft.

Schulanfänger haben ein großes Bedürfnis zur Kommunikation, dem kindgemäßer Unterricht in der Fremdsprache sehr entgegenkommt. Sie lernen in den ersten beiden Jahren vielerlei Strategien zum Verstehen und zum Sich-verständlich-Machen. Erst in den Klassen 3 und 4 machen sie Erfahrungen mit der Schriftlichkeit; dann kommen Lesen und Schreiben als neue Kompetenzbereiche dazu.

Oft hört man: „Die Kinder wollen aber schreiben." Seien wir ehrlich, würde das nicht manchmal einfach den Unterricht erleichtern? Wenn ein Kind an einem Beispiel gesehen hat, dass das englische Schriftbild nicht dem ihm bekannten Lautbild entspricht, ist ihm das Schreiben zunächst nicht so wichtig, und wir können mit dem Einführen der Schrift warten, bis der Schriftspracherwerb in der Muttersprache soweit abgeschlossen ist und es nicht mehr so leicht zu Interferenzen kommt.

Aber auch hier ist zu beachten, dass nicht jede Entwicklung gleich verläuft, dass Sprachlernprozesse schneller und langsamer ablaufen, jedes Kind andere Lernwege bevorzugt.

Für erste Erfahrungen mit Schriftlichkeit heißt das für mich: Sprache tritt überall auch in schriftlicher Form auf, ist für Kinder in der Werbung präsent; auf dem Gameboy steht *g-a-m-e-b-o-y*. So müssen auch in einem Bilderbuch Einzelwörter oder kleine schriftliche Teile nicht abgedeckt werden. Wenn ein Kind von sich aus Wörter liest oder schreibt und mir dann stolz seine Ergebnisse zeigt, erhält es selbstverständlich mein Lob – oder meine Korrektur –, aber natürlich in der Form von *mothering*.

Inhalte, Themen

Der baden-württembergische Bildungsplan ist kompetenzorientiert und gibt daher Standards und zu erreichende Kompetenzen vor, Ziele und Ergebnisse, die am Ende von Klasse 2 und Klasse 4 erreicht werden sollen, nicht aber genaue Themen.

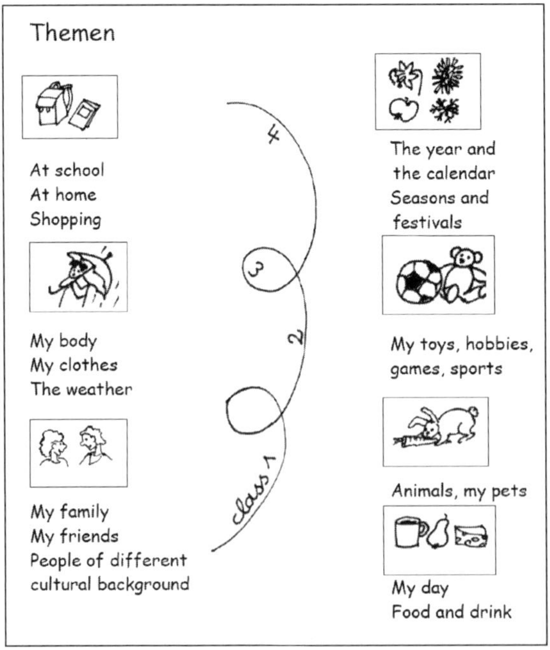

Es heißt dort: „Es bieten sich Themenfelder an, aus denen sich Sprechanlässe ergeben ... und die die Kinder in anderen Fächern relativ zeitnah auch behandeln oder behandelt haben.“

Aus den Themenfeldern stammen die meisten Inhalte des Fremdsprachenunterrichts ab dem ersten Schuljahr. Die Themen werden spiralförmig immer wieder aufgegriffen. Damit bleiben die Reihenfolge, die zeitliche Abfolge, die Ausführlichkeit, der Umfang des gewählten Wortschatzes der Entscheidung der Lehrkraft überlassen.

► Führen Sie in den Klassen 1 und 2 einen Stoffplan, den Sie der Lehrkraft, die anschließend die Klassen 3 und 4 unterrichtet, weitergeben können. Daraus kann sie den Umfang der behandelten Themenfelder mit ihrem elementaren Wortschatz und den Strukturen entnehmen. Listen Sie Lieder, Texte, Spiele auf, die die Kinder gelernt haben, damit Bekanntes immer wieder eingebunden und mit Neuem verknüpft werden kann. ◄

Materialien

Für den früh beginnenden Fremdsprachenunterricht steht inzwischen eine Vielzahl an sehr schönen, geeigneten Materialien zur Verfügung:

- Lehrwerke mit umfangreichem Begleitmaterial
- Zusatzmaterialien
- Authentische Kinder- und Bilderbücher
- (Bild-)Wörterbücher
- Flashcards
- CDs mit Liedern, Chants, Raps
- Spiele mit neuen und mit bekannten, bewährten Spielformen

Authentische Kinderbücher entsprechen von den Themen wie vom Wortschatz her oft am ehesten den Kindern und sind daher sehr gut geeignet. Nach meiner Erfahrung machen gerade auch Bücher, die mehr für muttersprachliche Vorschulkinder gestaltet sind, z. B. viele *lift-the-flap-books*, als fremdsprachliche Bilderbücher den jüngeren Kindern großen Spaß.

Die Handpuppe als Identifikationsfigur ist gerade für die Jüngeren sehr wichtig: Sie ist die geliebte Person, die nur Englisch spricht und versteht. Vor ihr und mit ihr verlieren selbst schüchterne Kinder ihre Scheu.

► Arbeiten Sie mit einem geeigneten Lehrwerk, auch wenn Sie nicht jede Einheit behandeln wollen. Sie können jederzeit Teile austauschen und andere Materialien dazu verwenden. Das Lehrwerk gibt Ihnen den „roten Faden“ vor, und sie können sicherer sein, Ihre Unterrichtsziele zu erreichen. ◄

Unterrichtsorganisation

Jede Grundschulklasse hat in Baden-Württemberg laut Plan zwei Wochenstunden Englisch. Im Idealfall werden diese zwei Stunden zumindest in den beiden ersten Schuljahren nicht als zwei volle Unterrichtsstunden gehalten, sondern in kleineren (20 Min.) Sequenzen über die Woche verteilt – und zwar von der Klassenlehrerin, die in der Fremdsprache ausgebildet ist und diesen Unterricht engagiert und gerne erteilt, sodass sie die Fremdsprache zeitlich und inhaltlich in den übrigen Unterricht integrieren kann. Falls dieser Idealfall in der Praxis nicht zutrifft, bieten sich folgende Möglichkeiten an:

Organisationsform	**Vor- und Nachteile**
Die zwei Stunden erteilt die Klassenlehrerin in kleineren (20 Min.) Sequenzen, über die Woche verteilt. So kann sie die Fremdsprache zeitlich und inhaltlich in den übrigen Unterricht integrieren.	Ideale Lösung Trotzdem: In der Praxis besteht oft die Gefahr, dass der Englischunterricht „vergessen" wird oder dem Zeitmangel eines anderen Faches zum Opfer fällt.
Soll der Englischunterricht von einer Fachlehrerin übernommen werden, soll diese möglichst ein weiteres, evtl. musisches Fach in der Klasse unterrichten, sodass sie ihre Fächer in mehreren kürzeren Sequenzen unterrichten kann.	Vorteil: Eine Fachkraft unterrichtet. Der Unterricht findet regelmäßig statt, wenn die Stunden im Plan festliegen. Nachteil: oft weniger, aber längere Unterrichtseinheiten
Manchmal bietet sich an, dass eine Lehrerin den Englischunterricht in der eigenen und in der Parallelklasse übernimmt und sie dann Stunden mit der Kollegin teilen kann.	Erfordert gemeinsame Planung und gute Absprachen zwischen den Kolleginnen.
Ist in größeren Klassen Tandemunterricht möglich, kann man die Klasse teilen: Die Englischstunde und eine andere Unterrichtsstunde werden jeweils halbiert und von der Klassen- und der Fachlehrerin abwechselnd gehalten.	Sehr gute Lösung: kleinere Gruppengröße, Fachkraft unterrichtet, mehrere kürzere Einheiten.
Wenn die Klassenlehrerin nicht den gesamten Unterricht ihrer Klasse abdeckt, so ist auf jeden Fall eine sehr gute Zusammenarbeit unter den Kolleginnen wichtig, sodass sich der Englischunterricht z.B. zusätzlich auch in Sport oder Musik integrieren lässt.	Gute Kooperation zahlt sich immer aus!

Anfängliche Unsicherheit der Lehrpersonen dem neuen Fach gegenüber ist zumeist Freude und Spaß am Fremdsprachenunterricht gewichen. Die Mehrzahl der Lehrerinnen und Lehrer ist hochmotiviert und nimmt regelmäßig an Fortbildungsveranstaltungen teil. Dennoch muss man auch sehen: Es sind noch nicht alle glücklich damit geworden. Sie warten auf junge Lehrerinnen und Lehrer, die bei ihrer Ausbildung die Fremdsprache als Unterrichtsfach studiert haben und die nun vermehrt an die Schulen kommen.

Wie wird Leistung beobachtet und gemessen?

In den Klassen 1 und 2 erhalten unsere Grundschüler keine Ziffernnote im Zeugnis, ihre Leistung sollte im Schulbericht erwähnt werden. In den ersten beiden Klassen wird völlig auf Schriftlichkeit verzichtet. Deshalb stehen natürlich mündliche Leistungen im Vordergrund – wobei Lehrer oft der Meinung sind, diese seien schwieriger zu beurteilen. Da man Leistung in jeder Phase des Unterrichts und an allen konkreten Lerninhalten sehen kann, lässt sich der Lernstand der Kinder durch regelmäßige Beobachtung bestimmen und dann auch dokumentieren. Praktikable Lösungen sind hier gefragt.

Ich benutze gern Beobachtungsbögen, die ich schnell, einfach und übersichtlich ausfüllen kann – und zwar während des Unterrichts, mal für einen, mal für mehrere Schüler. Und auch hier gilt der Kompetenzansatz: Wir beobachten Leistung, stellen Kompetenzen fest, nicht Defizite!

Beispiel für einen Beobachtungsbogen zum Kompetenzbereich Hörverstehen in Klasse 2: siehe Seite 134

Bei dieser Übung zeigen die Kinder ihr Hörverstehen durch Umsetzen einer gehörten Geschichte in passende Körperbewegungen. Unterstützende Musik erleichtert die Bedeutungsentnahme.

Ähnliche Bögen können Sie zu verschiedensten Inhalten und Kompetenzbereichen Ihres Unterrichts selbst gestalten. Im Bereich des Sprechens kann man Aktivitäten wie das Aufsagen eines Reims oder das Beschreiben eines Bildes gut beobachten. Klare Indikatoren zeigen das erreichte Niveau oder auch eventuelle Schwierigkeiten, die eine notwendige Hilfestellung signalisieren.

Beobachtungen zum Kompetenzbereich Hörverstehen (Kl. 2)

Sport: *Physical exercise: A walk through the snowy park*
Schüler hören die Übung (Fantasierundgang) von der CD und machen die Bewegungen mit.

(Bewegungen: *Let's run, run faster and faster, let's jump on the spot, jump as high as you can, let's whirl and twirl like snowflakes, the snowflakes fall softly on the ground, roll like snowballs …*)

	1. Übung ist neu	**2. Übung ist bekannt**
S machen alle passenden Bewegungen selbstständig ohne Zögern.		Tina (20.01.)
S machen die meisten Bewegungen passend, versichern sich ab und zu bei den anderen Kindern.	Philip (12.1.)	
S bewegen sich meist richtig, orientieren sich bei den Mitspielern.	Lisa (12.1.)	Leo (22.1.)
S reagieren zögernd, brauchen Hilfe der Mitschüler oder der L.		
S bewegen sich willkürlich, oder verweigern.		

Niveaukonkretisierungen

Eine weitere Hilfe zur Feststellung, ob die Kinder die geforderten Standards erreicht haben, bietet die zweite (verbindliche) Ebene des baden-württembergischen Bildungsplans, die sogenannten Niveaukonkretisierungen. In ihnen „soll das jeweilige Niveau und die Durchdringungstiefe eines Bildungsstandards bei der Behandlung im Unterricht an Beispielen verdeutlicht werden." (Die NiKos sind nicht im Bildungsplan abgedruckt; das Landesinstitut für Schulentwicklung stellt sie ins Netz.)

Beispiel für eine Niveaukonkretisierung, Klasse 2

Hörverstehen: Informationen aus gehörten Texten entnehmen

Vorbemerkung
Beim Sprachenlernen ist das Hörverstehen die wichtigste und primär zu erwerbende Kompetenz. Hierfür schafft der Anfangsunterricht die notwendigen Grundlagen, indem er, vorwiegend input orientiert, den Schülerinnen und Schülern reiche Gelegenheit gibt, sich in die (fremde) Sprache einzuhören. Neben der Verwendung der Zielsprache als Unterrichtsmedium spielen dabei gehörte Texte eine zentrale Rolle. Ihr Verstehen belegen die Kinder zunächst nonverbal, später auch verbal.

(1) Bezug zu den Bildungsstandards
Rezeptive Aktivität Hören
Die Schülerinnen und Schüler können

- sich mit verschiedenen, mündlich präsentierten und visuell gestützten Texten, Medien und authentischen Materialien ... verstehend auseinandersetzen;
- den groben Textverlauf verstehen;
- nach mehrmaligem Hören und Klärung des situativen Kontexts einfachste Detailinformationen entnehmen.

Mündliche Interaktion
Die Schülerinnen und Schüler können

- bekannte Fragen und bekannte Anweisungen sowie situativ gestützte unbekannte Fragen und Anweisungen verstehen und entsprechend reagieren.

Produktive Strategien
Die Schülerinnen und Schüler können

- Äußerungen überlegt und themenbezogen einbringen.

(2) Problemstellung
Die Schülerinnen und Schüler hören einen Lesetext angemessener Länge. Der Vortrag kann bei Bedarf durch Mimik und Gestik, auch durch das Bildmaterial unterstützt werden.
Die Kinder verfolgen den Textverlauf und nützen Schlüsselwörter zum Verstehen inhaltlicher Details.

(3) Niveaubeschreibung

Niveaustufe A

Die Schülerinnen und Schüler verstehen Einzelheiten der Geschichte. Sie zeigen dies durch teilweise richtige Beantwortung der Fragestellung.

Niveaustufe B

Die Schülerinnen und Schüler verstehen sowohl den Verlauf der Geschichte als auch Details. Sie zeigen dies durch weitgehend richtige Beantwortung der Fragestellung.

Niveaustufe C

Die Schülerinnen und Schüler verstehen sowohl den groben Verlauf der Geschichte als auch alle Details und zeigen dies in der richtigen Beantwortung der Fragestellung.

(4) Anhang (Hörtext)

A Circus Parade

Hurrah, there is a circus in town. All the animals are walking in the street.
Tom and Tina are watching the circus parade. There are many animals: a big elephant and a giraffe, a bear and a monkey, a lion and a camel.

Number one is the clown. His name is Bobo, Bobo, the clown. He has a big red nose and a green hat. Then there is Carlo. Carlo is a lion. He is big and strong. He is marching in front of Bruno, the bear. Bruno is number three. Look, here comes Elmer, the elephant. Elmer is looking back. He is looking at Benny, the funny little monkey. Benny is walking behind him. Watch out, Benny! There is a big elephant in front of you! Now there are two more animals, Bibi, the giraffe and Sara, the camel. Sara is angry. She doesn´t like marching in a parade. She is a camel – not a horse! Bibi, the giraffe, is looking at her. "Hey, Sara", she cries, "don´t sleep! This is a parade – step on!"
Sara is looking to the right. Then she is looking to the left, again and again.

Slowly, very slowly, she is moving on. One, two, three – the parade goes on.

The Circus Parade

Wer ist

Bibi	**Carlo**	**Ben**	**Sara**	**Bobo**	**Elmer**	**Bruno**

Gib jedem seinen Namen!

Warum bleibt die Zirkusparade stehen?

► Benutzen Sie Ihre Beobachtungen für eine Elterninformation im Schulbericht. Beschränken Sie sich nicht nur auf: „... hat mit Freude am Englischunterricht teilgenommen“. ◄

In unseren Schulberichten wurden die Bereiche Interesse/Mitarbeit, Hörverstehen und Sprechen berücksichtigt:
1. für eine sehr gute Schülerin:
„Lara nimmt stets begeistert am Englischunterricht teil. Sie versteht die meisten Anweisungen der Lehrerin und kann ohne Zögern reagieren. Sie hat großen Spaß an englischen Geschichten, Liedern und Reimen und kann sich mit geübten Wörtern und Redemitteln auch schon spontan auf Englisch äußern.“
2. für einen durchschnittlichen Schüler:
„Philipp beteiligt sich meist interessiert und aktiv am Englischunterricht. Er versteht die Unterrichtssprache der Lehrerin, versteht auch schon kleine Lieder und Reime und bemüht sich, sie richtig wiederzugeben.“
3. für eine leistungsschwache Schülerin:
„Kerstin nimmt gerne am Englischunterricht teil, sie versucht, die Anweisungen der Lehrerin zu verstehen und zu befolgen und hat Spaß an englischen Liedern und Reimen.“

Elterninformation

Das ist ein absolutes MUSS! Informieren Sie die Eltern Ihrer Schulanfänger über Ziele, Prinzipien, Methoden ihres Unterrichts. Gerade der frühe Englischunterricht hat nichts mit den Erfahrungen der Erwachsenen zu tun. Ermuntern Sie die Eltern, dass sie ihre Kinder erzählen lassen, aber nicht abfragen: „Welche Wörter hast du gelernt?" Mütter erzählen, dass ihre Erstklässler daheim mit ihren Kuscheltieren oder ihren Haustieren Englisch sprechen, wenn ihnen keiner zuhört!

▶ Zeigen Sie beim Elternabend etwas aus Ihrem Englischunterricht, spielen Sie ein Spiel mit den Eltern oder nutzen Sie einen Elternmittag dazu. ◀

Programmpunkte für einen Elternabend

- Begrüßung mit der Handpuppe
- Vieles spricht für einen frühen Beginn: *to prepare today's children for tomorrow's world* (Neugier auf Fremdes, Unbefangenheit, Sprechfreudigkeit, Phase des Spracherwerbs, Lernstrategien aus der Muttersprache, Erfolgserlebnisse, Gleichstellung von Kindern nicht-deutscher Muttersprache)
- Aussagen der Kinder: „Warum ich gerne Englisch lerne"
- Prinzipien und Kennzeichen des Unterrichts (Primat des Mündlichen, Englisch als Bestandteil anderer Fächer, Zielsprache als Unterrichtssprache, spielerisches Lernen)
- Elemente der Unterrichtsgestaltung (Lieder und Chants, Spiele, Geschichten, Bücher, Reime, Aktivitäten)
- Der Bildungsplan: Standards für Klasse 2 (z.B. Hören: den groben Textverlauf verstehen und auf Deutsch wiedergeben)
- Themenfelder (vorgesehene Inhalte)
- Leistungsbeobachtung (Was beobachte ich wie?)
- Ausstellen und Erläutern von Unterrichtsmaterialien (Themenwand, Schülerarbeiten, Activity books, Bilderbücher)

Greifen Sie einzelne Punkte auf, zu denen Sie ein Schülerbeispiel zeigen oder das Sie mit den Eltern durchführen können!

- Spiele: *Simon says, listen and do*
- Arbeitsanweisung für eine kleine Bastelei, ein Minibook
- Flashcards/Poster zu einer Minigeschichte
- Ein Lied, einen Rap von der CD

Die Schülerinnen und Schüler können ...	**... hören und verstehen:** Hauptaussagen von kleinen Texten, kleinen Dialogen, Liedern und Reimen Arbeitsanweisungen **... das Verstehen zeigen:** durch ihre Mimik, durch Ausführen von Tätigkeiten **... sprechen:** über sich, ihre Familie, Freunde, Tiere ... kleine Dialoge, Lieder, Reime (allein oder mit anderen)

Literaturtipps

Bildungsplan 2004 Grundschule, Baden-Württemberg, Ministerium für Kultus, Jugend und Sport.

Niveaukonkretisierungen: http://www.bildung-staerkt-menschen.de

Ikuru 2. Berlin: Cornelsen 2004.

12 Eltern beraten

Angelika Kubanek und Peter Edelenbos

Bei keinem anderen Fach in der Grundschule möchten die Eltern so viel mitreden wie bei den Fremdsprachen. Manchmal deswegen, weil sie ihre Kinder schon zu Frühenglisch, das der Kindergarten anbietet, geschickt haben. In Grenzregionen sind auf Elterndruck zweisprachige Kindergärten und Schulen schneller eingerichtet worden, als dies auf den „normalen“ staatlichen Wegen geschehen wäre – ein besonders gutes Beispiel ist das Elsass. Und in Baden-Württemberg hat es in der letzten Zeit eine erregte Debatte zwischen Eltern und Schulbehörden gegeben, ob der europa- und nachbarsprachenfreundliche Anfang mit Französisch im grenznahen Raum, wie ihn das Kultusministerium vorsieht, nicht nachteilig sein könne, z.B. wenn die Familie mehr in das Binnenland ziehe, wo mit Englisch begonnen wird.

Fremdsprachen liegen am Herzen

Persönliche Erfahrungen

25–35-jährige Eltern, die in Deutschland zur Schule gegangen sind, haben selbst Englisch gelernt, ab Klasse 5, gleich welche Schulart sie besucht haben. Hat ihnen der Unterricht gefallen und ihre Motivation blieb erhalten, so wünschen sie ihren Kindern ebenso viel Freude. Hatten sie Angst vor Englisch, so wünschen sie, dass die Kinder mit den modernen, spielerischen Unterrichtsmethoden Freude an der Sprache haben. „Mit so einem Büchlein hätte ich auch gerne angefangen“, schrieb ein Gutachter der Stiftung Buchkunst über ein Fremdsprachen-Lernmaterial für Kinder: Lernheft Jan Kiepenkerl (2006).

Gewinn aus der Kenntnis der Nachbarsprache ziehen

Das Motiv, die Nachbarsprachkenntnis im Hinblick auf späteren Nutzen im Beruf und zur Wirtschaftsförderung schon früh anzubahnen, ist regional unterschiedlich stark ausgeprägt. Auf beiden Seiten der deutsch-niederländischen Grenze in Niedersachsen gibt es z. B. noch relativ wenig Frühunterricht in der Nachbarsprache.

Herkunft und Chancen

Die Motivierung der Kinder für Englisch durch Eltern nicht-deutscher Herkunftssprachen kann genauso hoch oder sogar höher sein als bei deutschen Eltern. Sie wünschen ihren Kindern die Bildungschancen, die ihre Einwanderergeneration nicht hatte. Manche Kinder sind durch die Migration mit mehreren Sprachen konfrontiert, sodass das *playful English* in Klasse 1 und 2 ihnen sogar zu leicht sein kann. Bei der Feststellung von Sprechfertigkeit am Ende der vierten Klasse in Braunschweig (Sommer 2007) sagte eine Lehrerin entschuldigend: „Wissen Sie, wir sind eine Brennpunktschule." Jedoch war kein Unterschied bei den Kindern zu beobachten, was deutsche oder nicht-deutsche Herkunft betraf – es zeigten sich bei den ausländischen Kindern eher unerwartet hohe Einzelleistungen.

Hier gilt es auch unaufgearbeitete Immigrationsgeschichte zu bedenken. VW in Wolfsburg warb z. B. Arbeitsmigranten aus Tunesien an; sie sollten Französisch können. Das war aber gleichbedeutend mit einem gewissen Bildungsstand. Kinder solcher Familien hatten z. B. schon in der Grundschule im Herkunftsland Französisch gelernt oder als Unterrichtssprache gehört. In Sachsen wiederum ist bekannt, dass die Kinder aus vietnamesischen Elternhäusern sehr gute Schulleistungen erbringen. Kurz, das Interesse der nicht-deutschen Eltern an der Fremdsprache sollte nicht unterschätzt werden. Solche Umstände festzustellen, könnte zu den Funktionen von „Kulturdolmetschern" an den Schulen gehören (das können ehrenamtlich tätige Eltern oder Schulassistenten sein).

Vertraute Inhalte

Noch ein anderer Grund für das Mitreden der Eltern ist zu nennen, besonders wenn es sich um Englisch in Klasse 1 und 2 handelt: Englisch ist kein Fach mit sieben Siegeln. Es werden leichte allgemeinsprachliche Inhalte aus der Kinderkultur und dem Alltag vermittelt, die Eltern begreifen den Stoff und haben in der Schule selbst Englisch gelernt.

Was soll man Eltern über Sprachenlernen erklären?

Elterninteresse vorausgesetzt, gibt es eine Reihe von Aspekten, die bei einem speziellen Elternabend oder dem individuellen Gespräch Gegenstand sein können. Hier sind die zehn wohl spannendsten Themen für Eltern:

- Freude am Lernen
- Unterschiede zwischen Kindern,
- Die besonderen eigenen Stärken als Lehrerin,
- Vorwissen in Englisch,
- Leistungseinschätzung,
- Lerntypen,
- Fehler,
- Lernprobleme,
- Erklärung eines bestimmten Sprachverhaltens des Kindes,
- unterstützendes kommerzielles Material.

Das Wichtigste

Im Erstunterricht geht es um Freude an der Sprache, um das Wecken und Aufrechterhalten der Motivation. Fremdsprachenvermittlung hat für diese kleinen Kinder sehr viel mit Gefühlen zu tun. Sie hat manchmal einen fast magischen Charakter, z.B. wenn eine Geschichte erzählt wird, wenn ein Lied gesungen wird, vielleicht zweistimmig. Das Erstangebot hat also viel mit Stimmung zu tun. Das Anlegen von Arbeitsmappen ist nicht das Primäre! Die Kinder sollen sich einhören und zugleich wird die Sprache etwas sehr Lebendiges. Damit entsteht die Basis für gutes Lernen.

Außerdem ist der Fremdsprachenunterricht sehr sozial. Zu sehen, dass man in einer fremden Sprache ein anderes Kind anreden kann: *How are you today?* und das andere Kind dies versteht und Antwort in einer *speaking chain* gibt – das macht Kindern bewusst, was Kommunikation ist; wohingegen im „normalen“ Schulalltag, in dem ständig geredet wird, dies eher unter den Tisch fällt.

Ihre Stärke als Fremdsprachenlehrerin

- **Die Persönlichkeit**

Die Persönlichkeit der Lehrperson spielt eine große Rolle für das Kind im Grundschulalter. Deshalb ist es wichtig, den Eltern zu erzählen, welche Sprachkenntnisse man selbst hat, welche Vorlieben für bestimmte Methoden, kurz: was die Stärken sind. Wer Englisch als Studienfach hatte oder im englischsprachigen Ausland sich einige Zeit aufgehalten hat, hat ohnehin Prestige und kann andeuten, dass im Unterricht auch Anekdoten erzählt werden – kleine Augenzeugenberichte über bestimmte landeskundliche Inhalte („Ich bin im Sommer in Schottland gewandert und habe auf einer Wiese gezeltet. Einmal sind wir früh um 5 durch ein Geräusch aufgewacht: eine Kuh hat direkt neben dem Zelt Gras gerupft").

- **Bikultureller Hintergrund**

Lehrerinnen mit einem bikulturellen Hintergrund können darauf hinweisen, dass sie Lernprobleme bestimmter Kinder besser sehen als monolinguale Lehrpersonen. Sie können der Klasse anhand ihrer eigenen Biografie erzählen, was es heißt, zwei Sprachen gleichzeitig oder nacheinander in natürlicher Umgebung zu lernen, was es heißt umzuziehen in ein anderes Land:

„... ich war Musik- und Englischlehrerin in Ungarn. In Ungarn singen die Kinder ganz viel in der Schule. Dann habe ich meinen Mann getroffen, er ist Deutscher, und so bin ich hierhergekommen. Deutsch und Englisch sind nicht so verschieden wie Deutsch und Ungarisch."

„...ich war Lehrer in der Ukraine. Meine Mutter ist Deutsche. So sind wir hierhergekommen, ich und meine Familie mit den drei Kindern. Ich habe zuerst geholfen, dass andere Kinder gut lernen (habe in einem Hort gearbeitet). Dann habe ich beschlossen, dass ich hier Lehrer sein möchte und noch einmal viel studiert. Meine kleine Tochter hat auch Englisch, das ist nicht schwer für sie. Sie möchte aber jetzt nicht mehr Ukrainisch zu Hause reden."

- **Personalisierung als pädagogisches Prinzip**

Lebenserzählungen machen Sprachlichkeit schon für Kinder plastisch. Lehrer können das sowohl der Klasse als auch den Eltern, von denen wiederum selbst ein Prozentsatz mehrsprachig ist, erzählen. Für Kinder der ersten und zweiten Klasse wird eine solche Lebenserzählung fast den Charakter eines Märchens oder einer Abenteuergeschichte haben.

- **Fortbildung**

Lehrer, die sich für die Fremdsprachenvermittlung die Kompetenz durch Fortbildungen angeeignet haben, können darauf verweisen, wie sie authentisches Material einsetzen, und dass der Akzent angesichts der globalen Verbreitung von Englisch nicht das ausschlaggebende Kriterium der Bewertung eines Sprechers der Fremdsprache sein darf.

Lehrplan und Inhalte

Die Entscheidung für die Inhalte, die Themen, die Sprachstrukturen und für den didaktischen Zugang ist durch die Gestalter des Lehrplans (Behörden, Arbeitsgruppe, Elternvertreter bei der Anhörung) getroffen worden, wobei aber ein Spielraum besteht. Je nach Grad der Selbstverantwortlichkeit an der betreffenden Schule kann es sein, dass man auch für die Fremdsprachenvermittlung einen eigenen Weg entwickelt, der den Lehrplan des jeweiligen Bundeslandes freier auslegt. Das didaktische Programm zu entwickeln ist Sache der Lehrerinnen und Lehrer. Informativ für Eltern ist es, den Stoff im Überblick kurz darzustellen.

Erwartungen und Leistungen

Aufgrund der populären Ansicht vom Startvorteil der Kinder und aufgrund des pragmatischen Interesses am Lernerfolg haben Eltern oft unrealistische Erwartungen, in welchem Umfang die Grundschule die Fremdsprache vermittelt. Originalton: „Lern gut in der ersten Klasse. Wenn wir im Sommer dann in die USA fahren, und du hast dich mal verlaufen, musst du nach dem Weg fragen können." Wenn Eltern ihr Kind schon in einer Englischspielgruppe hatten, erwarten sie verständlicherweise, dass es eine Fortführung dieses Englischerwerbs gibt.
Lehrer sollten deshalb informieren,

- was laut Lehrplan vorgesehen ist;
- dass die Unterschiede des Wachstums in der Fremdsprache auf Klassenebene groß sein können;
- wie Kinder im Alter von sechs oder sieben Jahren auf eine andere Sprache reagieren;
- wie sie auf weiter fortgeschrittene oder langsamere Lerner eingehen können;
- dass sich das Ziel auf Mehrsprachigkeit richtet und dass die Kinder der Klasse hoffentlich noch eine weitere Fremd- oder Nachbarsprache lernen.

Reagieren auf die Fremdsprache

Oben haben wir einige Informationen gegeben, die auf der Kenntnis zahlreicher deutscher und internationaler Frühbeginn-Programme basieren (s. S. 7 ff.). Über die ersten Stunden ihres Unterrichts sollte die Lehrerin Notizen anfertigen, damit für den Elternabend einige Beispiele zur Verfügung stehen. Wichtig ist mitzuteilen, dass für jüngere Kinder das Verankern der Fremdsprache in Zusammenhang mit Erinnerung an den Lernort und die Lehrerpersönlichkeit erfolgt. Das heißt, wenn die Kinder am Boden um die Lehrerin sitzen und Bildkarten anschauen, achten sie nicht nur auf die Wörter, sondern auch darauf, dass es „kuschelig" ist, dass die Lehrerin besonders gut gelaunt ist, ein T-Shirt anhat, das schön glitzert, ihnen ein Bonbon gibt, dass die Studentin Gitarre spielt usw.

Fehler

Es ist wahrscheinlich, dass Eltern fragen, was sie tun sollen, wenn ein Kind bei einer englischen Äußerung zu Hause Fehler macht. Wichtig ist, ihnen die Maßstäbe vor Augen zu führen: Was an didaktischen Regeln der *error correction* für Fortgeschrittene und Ältere gilt, passt nicht für das Erstangebot.

• Lob
Jede Äußerung des Kindes ist ein Lob wert. Die Haltung der Erwachsenen spielt eine große Rolle. Schätzen sie das, was die Kinder *schon* können, oder schauen sie von der Perspektive des perfekten Sprechers herunter auf das, was die Kinder *noch nicht* können?

• Dialekt
Einige Fehler sind erwartbar, z. B. wenn ein bestimmter Dialekt gesprochen wird. Und wenn ein Kind statt der englischen Aussprache für Orangensaft „orooschen dschuus" wiederholt, obwohl die Lehrerin es richtig vorgesagt hatte, kann man zwei Vermutungen anstellen:
Es hat sich auf das zweite Wort *juice* konzentriert. Das heißt, seine Aufmerksamkeit war am Ende der Äußerung der Lehrerin größer.
Im traditionellen britischen Englisch klingt das Wort ziemlich verschieden von der deutschen Aussprache für Orange. Das /a/ von Orange kann fast wie /i/ gesprochen werden. Beim /r/ wird die Zunge anders gerollt und das /sch/ wird zu /dsch/ mit viel Druck der Zunge gesprochen. Beim ersten Buchstaben von Saft, dem /j/ muss wieder /dsch/ gesagt werden. Das heißt, die Mundmuskeln müssen sich sehr viel mehr bewegen als im Deutschen.

• Fehler als Chance
Fehler sind auch Zeichen dafür, dass Kinder eine Hypothese gebildet haben: Wenn sie meinen, das englische Wort für „glatt" heißt „glätt", so steckt darin bereits eine Analyse. Sprachmischung ist auch eine häufige Strategie bei

Anfängern. Inwieweit sie bereits in der ersten Klasse auftritt, wird von den Lehrern zu beobachten sein; sie sollte als Zeichen von Fortschritt gegenüber reinem Wiederholen vorgesagter Wörter und Wendungen angesehen werden.

- Fremdsprache ohne Überforderung

Ängste von Lehrern bei der Einführung des frühen Fremdsprachenunterrichts in den 90er-Jahren, Kinder mit schlechten Deutschnoten würden nicht mitkommen, waren unbegründet. Gerade in Klasse 1 und 2 hat die Fremdsprache viel mit musischer Erziehung zu tun und mit Bewegung, keinesfalls mit Rechtschreib- und Grammatiktraining. Für Kinder nichtdeutscher Muttersprache gibt es keinen Nachteil, wahrscheinlich kann die geteilte Freude und das Training beim Hinhören für sie eher als Vorteil gesehen werden. Auch Kinder mit ADS oder z. B. mit Down-Syndrom (falls die Schule in diesem Sinn integrativ ist) sollte man nicht von vornherein kritisch beobachten. Die sozialpsychologische Forschung hat das Phänomen des *stereotype threat* untersucht. Wenn Kinder fast schon erwarten, dass sie schlechter eingeschätzt werden, wirkt sich dies eventuell aus in Ängstlichkeit, Versagensangst und tatsächlichem Versagen.

Außerschulische Unterstützung

Es wird Eltern geben, die von sich aus besonders in der Vorweihnachtszeit und zum Geburtstag des eigenen Kindes in der Buchhandlung nach englischsprachigen Veröffentlichungen für Kinder fragen und ihrem Sohn oder ihrer Tochter abends aus einem englischen Bilderbuch vorlesen. Ehrgeizige Eltern haben vielleicht sogar von den Baby-Intelligenztrainings auf DVD wie „Baby Einstein“ gehört. Raten Sie von dieser zweiten Produktgruppe ab.

Der Markt mit Englischangeboten für die Freizeit ist sehr groß. Empfehlen Sie den Eltern eher „altmodische“ Hörkassetten oder CDs:

- Die Stimmen der Sprecher sollten darauf nicht übertrieben in falscher Kindgerechtheit intoniert sein.
- Die Anzahl der Begleitinstrumente bei Liedern sollte gering sein, das Singtempo nicht schnell.
- Ein englischer Kinderchor ist schwieriger zu verstehen als eine Einzelstimme.
- Bei Kindern beliebt sind Hexen- und Abenteuergeschichten, Geschichten mit Tierfiguren.

Einzelne Produkte sollen hier nicht genannt werden. Jedoch kann bei einem Elternabend für einige Minuten eine Hör-CD vorgespielt werden, die die Lehrerin persönlich gut findet, und sie kann erklären, was daran gut ist. Eltern sollten darauf bestehen, dass sie im Geschäft die CD vorher anhören. Stadtbüchereien haben in der Regel ein pädagogisch geprüftes Angebot an fremdsprachiger Kinderliteratur und Medien.

Zusammenarbeit mit dem Hort
Vorlesen am Abend gilt als eine der wichtigsten Fördermöglichkeiten für Kinder. Da aber viele Kinder nicht in behüteten Verhältnissen aufwachsen, empfehlen wir hier, dass die Englischlehrerin mit dem Hort in Kontakt tritt. Die dortigen Mitarbeiter kümmern sich gut um die Kinder, haben aber eher wenig Kenntnis von Fremdsprachen-Frühbeginn, von Didaktik oder Materialien. Deswegen ist es wichtig, dass die Lehrerin zwei bis fünf Bücher oder Hör-CDs zur Anschaffung vorschlägt, und vielleicht ein Blatt entwirft, wie das Hortpersonal die Kinder fördern kann. Für die häufigen Spaziergänge von Hortgruppen kann man z. B. anregen, dass die Hortgruppe einmal Ausschau hält nach englischen Aufschriften auf dem Weg in den Park, auf den T-Shirts usw. Eine Lern-CD-ROM kann im Hort für manche Kinder eine sinnvolle Übungsmöglichkeit sein.

Literaturtipps

Europäische Kommission (2006): Special Eurobarometer: Europeans and their languages.

Kubanek, Angelika, u. a. (2005): Ich lerne Englisch und Niederländisch/Ik leer Engels en Duits. Braunschweig. Gedruckt mit Unterstützung des Westermann Verlags sowie www.jan-kiepenkerl.de

Ward Schofield, Janet (2006): Migration background, minority-group membership and academic achievement. Research evidence form Social, Educational and Developmental Psychology. AKI Research Review 5. Berlin: Arbeitsstelle Interkulturelle Konflikte und gesellschaftliche Integration. Wissenschaftszentrum für Sozialforschung.

13 Der Elternabend – erwünscht und notwendig

Gisela Schmid-Schönbein

Wenn Sie sich bewusstmachen, dass vermutlich kein Elternteil je als Schülerin oder als Schüler Englisch in der Grundschule gelernt hat (genauso wenig, wie Sie selbst), dann wird schnell klar, dass hier ein weißer Fleck im Wissen der Eltern besteht. Zwar hat ein Großteil der Eltern in der Schule Englisch gelernt und deswegen eine Vorstellung von diesem Unterricht im Kopf, aber gerade diese Vorstellung ist für die Grundschule nicht angemessen:

- Keine Vokabelhefte, keine Grammatikregeln, keine Übersetzungen, wenig Schreiben und, je nach Bundesland, keine versetzungsrelevanten Noten.
- Stattdessen: *Total Physical Response, storytelling, picture books, code-switching, e-mail-correspondence, rhymes and poems, role play, project work,* Einsprachigkeit, Einsatz der Handpuppe, Interkulturelles Lernen, Echo-Methode, Audio-CDs, Portfolio.

Die Liste könnte fortgesetzt werden mit weiteren Begriffen, welche die Eltern vom Konzept und der methodischen Umsetzung her aus dem selbsterlebten Englischunterricht kaum kennen werden, die aber zum Verständnis der besonderen Lernsituation auf dieser Sprachlernstufe besonders wichtig wären.

Und nicht nur das: Kinder in Ihrer Klasse können auch aus einem ganz anderen Kulturkreis mit einer anderen Muttersprache als der deutschen kommen. Beruhigen Sie diese Eltern: Ihre Kinder sind durch das Erlernen des Deutschen schon recht erfahren im Umgang mit einer fremden Sprache und erleben mit dem Englischen deswegen häufig schnelle Erfolge.

Der erste Elternabend – Informationen zu Grundprinzipien

Zu Beginn des Schuljahres werden Sie als Klassenlehrerin oder als Klassenlehrer (oder in Zusammenarbeit damit) zu einem Elternabend bitten, der eher allgemein informiert, bei dem Sie aber schon die Grundprinzipien des neuen Faches klären können. Das ist auch nötig, damit es nicht zu Missverständnissen kommt, weil die Eltern von ihren eigenen Lernerfahrungen her andere Erwartungen an den Englischunterricht haben.

- *window of opportunity*

Es ist zunächst hilfreich zu erklären, dass sich alle Bundesländer für einen früheren Beginn in der Fremdsprache entschieden haben. Sie können dazu eine Überblicksfolie zeigen; die Quelle finden Sie unter www.kles.org, dort unter dem Stichwort „Synopse".

Warum aber der Englischunterricht jetzt früher beginnt, lässt sich nicht einfach mit „je früher, desto besser" begründen – eine Erfahrung, die aus dem Zweitsprachenerwerb von Kindern in einem fremdsprachlichen Land stammt. In der Schule haben wir im Vergleich dazu sehr viel geringere Kontaktzeiten mit der Fremdsprache: Wunder sind also nicht zu erwarten. Dagegen kann der früh beginnende Englischunterricht einen positiv erlebten Einstieg in das Fremdsprachenlernen überhaupt vermitteln und kann die Begeisterungsfähigkeit für das überall präsente Englisch nutzen. Zudem profitiert er von einem *window of opportunity* in Bezug auf unbelastete Nachahmungsfreude und vermittelt die Normalität des Fremden, weil zu den Unterrichtsinhalten auch andere als die gewohnten Gebräuche und Kulturen gehören.

- Schulbuch

Wenn Ihre Schule ein Lehrwerk als Leitmedium einsetzt, haben Sie es relativ einfach. Schon die Gestaltung des *Pupil's Book* oder des *Activity Book* wird den Eltern zeigen, wie fröhlich und kindgerecht die *Units* aufgebaut sind und welche Aufgabenformen zum altersgemäßen Üben und Festigen beitragen. Wenn Sie dann noch eine Kostprobe von der CD vorspielen, einen peppigen Song oder einen kurzen Dialog eines *native-speakers*, werden die Eltern nicht nur informiert, sondern auch vom Wert des frühen Einstiegs überzeugt sein.

- Portfolio

Schließlich lohnt es sich, auf die Form und Funktion des Portfolio hinzuweisen, in dem die Kinder dokumentieren, woran sie arbeiten und was sie können. Da das Portfolio Besitz des Kindes ist und es eines Tages in die weiterführende Schule begleiten wird, können Sie damit auch die Sorgen der Eltern zum Übergang thematisieren und möglichst ausräumen.

Der zweite Elternabend – Was wir schon alles können

Etwa gegen Mitte des Schuljahres haben Sie und die Kinder im Englischunterricht eine hervorragende Chance, den ursprünglich weißen Fleck im Wissen der Eltern farbig werden zu lassen und gleichzeitig die weitere Unterstützung des Elternhauses sowie dessen Stolz auf die Leistung der Kinder einzuwerben.

- Die Einladung

Das fängt schon mit der Einladung an, die die Kinder mit einem einfachen Text selbst schreiben und ausmalen, mit *Invitation* in großen Lettern auf der Vorderseite eines einmal gefalteten und dekorierten farbigen DIN-A4-Blattes. Im Einladungstext selbst ist der eigentliche Fachausdruck für „Elternabend" unangemessen. Das wäre ein *PTA-meeting*, wobei PTA für *parent-teacher association* steht. Sie aber wollen ja mit den Kindern zusammen den Abend gestalten. Also wäre vielleicht ein Text ähnlich wie der folgende angebracht, dem die Kinder einen hübschen Rahmen geben können. Den Text selbst werden sie natürlich von der Tafel abschreiben:

You are invited
to our English evening
on Monday, 5th February, at 7 p.m.
in our classroom 3 b.

Was könnte man sich unter einem *English evening* vorstellen und wie ihn verwirklichen?

- Das „englische" Klassenzimmer

Zunächst geht es um das Klassenzimmer, dem Sie einen möglichst „englischen" Rahmen geben werden – mit der *English book corner*, in der Sie *storybooks* offen auslegen können, um die Eltern während einer Aufwärmphase neugierig zu machen. Auf seitlichen Tischen können Sie auch das benutzte Unterrichtswerk mit allen Zusatzmaterialien platzieren – einschließlich des Handbuchs, das in seinem Umfang schon zeigt, wie ernsthaft und professionell Sie sich mit der Unterrichtsvorbereitung beschäftigen.

Auch ein Laptop mit Software, die Landkarte eines englischsprachigen Landes, ein englischer Kalender, Postkarten, Fotos, ein Lottospiel oder *Me-*

mory mit Schriftbildern, *flashcards* – kurz alles, was irgendwie eine englischsprachige Atmosphäre vermittelt, in Sonderheit natürlich Arbeiten der Kinder: *Get-well cards, Happy-Birthday cards, Christmas cards* oder Arbeitsblätter, welche die Kinder ausgefüllt und ausgemalt haben. Der Handpuppe werden Sie sowieso einen zentralen Platz einräumen wollen.

- *English evening:* das Programm

Englische Lieder

Selbst wenn Sie erst mitten im ersten Unterrichtsjahr in Englisch sind: Die Kinder beherrschen schon eine Reihe von englischen Liedern, mit denen sie die Eltern begrüßen können. Ein Muntermacher für den Anfang ist stets: *If you're happy and you know it – clap your hands* (Klippel 2000, 210, CD-Track-Nr. 7), schon weil nach den ersten beiden Strophen die Eltern aufgefordert werden können mitzumachen.

Zur Sicherheit kann ein Kind den Text als Folie auf den Tageslichtprojektor legen und den Zeilen mit einem Zeigestift folgen. Thematisch knüpft ein Reim an, der immer ein voller Erfolg ist, vorgeführt von einer Gruppe von jeweils zwei oder drei Jungen und Mädchen, damit sich kein Kind in Gegenwart fremder Eltern geniert:

Up, down – (erst Arme hochstrecken, dann Knie berühren)
Turn around,
Up, down,
Touch the ground – (Fußboden berühren)
Up, down,
Snap, snap, snap – (mit den Fingern schnipsen)
Up, down,
Clap, clap, clap – (in die Hände klatschen)
Up, down,
Hop, hop, hop – (hüpfen)
Up, down,
STOP ! – (mit beiden Händen waagerecht, erst überkreuz und dann auseinander eine energische Schluss-Bewegung machen).

Hörverständnis

Anschließend können die Kinder in einem Spiel wie *Simon says* (Klippel 2000, 134) demonstrieren, wie viel an Hörverständnis sie schon erworben haben. Dabei werden Sie selbst sich gewiss im Hintergrund halten, denn Aufforderungen wie *Simon says: Touch your nose* oder *Touch your knees* können abwechselnd von verschiedenen Kindern der Klasse gegeben werden.

Storytelling

Im Mittelpunkt des Programms könnte ein *storytelling* mit einem *big book* stehen – auch das ist etwas, das die Eltern weder aus ihrem eigenen Unterricht noch, in der besonderen Form des *big book*, aus ihrer Kindheit kennen. Wenn Sie sich für ein Buch wie *Have you seen my cat?* (KLIPPEL/PREEDY 2002) entscheiden, birgt das die Möglichkeit, die Klasse Teile der sich wiederholenden Strukturen des Textes schon beim ersten *storytelling* sprechen zu lassen, wie *Hello, I'm Anna, I live at number 2. – Have you seen my cat?*

Bei der Erarbeitung des Buches haben die Kinder vielleicht die einzelnen Häuser mit je einer anderen Hausnummer und Haustürfarbe (*This is house number 6. It has a green door*) gemalt und können nun im Rollenspiel Minidialoge umsetzen, selbst wenn die einzelnen Hausbewohner nur mit *Sorry, no, I haven't* antworten. Und warum nicht im zweiten Durchgang Anna durch einen Jungen und die Katze durch einen verlorenen Hund ersetzen?

Stadtrundfahrt

Aber auch andere Minidialoge aus einem von Ihnen eingesetzten Lehrwerk bieten sich an. Der folgende aus *Ginger 2* (2004, 7) ist besonders „elternfreundlich“, weil jeder die Inhalte kennt: *Big Ben, Victoria Station, Buckingham Palace, Tower Bridge, The London Eye, London Zoo.* Mit sechs Fahrgästen und ihren unterschiedlichen Fahrtzielen lässt sich die Szene jeweils wiederholen. Auch können Sie die entsprechende Seite des Lehrwerks als Farbkopie vergrößert aushängen oder als Farbfolie auf den Projektor legen. Wenn Sie vorher im Bekanntenkreis und von Ihren eigenen Reisen englisches Geld gesammelt haben, wirkt die kleine Szene noch authentischer.

Tourist: A ticket to ..., please.
Bus driver: ......, please.
Tourist: Here you are, ...
Bus driver: Thank you. Here's your ticket.
Tourist: Thank you.

Hokey Cokey

Als Höhepunkt am Ende des Programms bitten Sie einfach alle Anwesenden, zusammen mit den Kindern einen großen Kreis zu bilden, und spielen von der CD (KLIPPEL 2000, Track Nr. 13) den *Hokey Cokey* einmal vor, den die Kinder selbstverständlich sofort mitsingen und mitspielen können. Ich habe es selber an einem Elternabend ausprobiert. Die Eltern machen nach anfänglicher Unsicherheit begeistert mit – und die Kinder sind stolz, weil sie wenigstens einmal etwas besser können als die Erwachsenen.

Ratschläge an die Eltern
Schließlich erscheinen die folgenden Ratschläge an Eltern aus dem Handbuch zum Lehrwerk *Supermouse* (2002, 19) so sinnvoll wie hilfreich:
- Lassen Sie Ihr Kind nie Wörter oder Sätze ins Deutsche übersetzen.
- Ermutigen Sie Ihr Kind, die Lieder und Reime daheim zu singen und zur CD zu sprechen.
- Loben Sie Ihr Kind für alles, was es kann.

Darauf werden die Kinder in Ihrer Klasse stolz sein. Das kommt zu Ihnen zurück, es ist schließlich auch Ihre Leistung.

Literaturtipps

Ginger 2 (2004) Activity Book. Berlin: Cornelsen.

Harrison, Lois/Prochazka, Anton/Rychli, Eva (2006): Supermouse. Teacher's Book. Ismaning: Max Hueber.

Klippel, Friederike (2000): Englisch in der Grundschule. Mit CD. Berlin: Cornelsen Scriptor.

Klippel, Friederike/Preedy, Ingrid (2002): Have you seen my cat? München: Langenscheidt-Longman.

Anmerkung:
Der Beitrag basiert auf dem folgenden Aufsatz der Autorin: Kontakt zum Elternhaus – erwünscht und notwendig. In: Grundschulmagazin Englisch – Primary English 1/2007, 6–8.

14 Der Sprung von Klasse 2 nach Klasse 3

Renate Hafner

Zwei Jahre lang haben die Zweitklässler nun Spracherfahrungen mit Englisch: Sie können die Anweisungen ihrer Lehrerin verstehen und adäquat darauf reagieren. Sie kennen viele Geschichten, können Reime und Lieder in der Gruppe vortragen. Sie können sich zu bekannten Personen und Objekten beschreibend äußern und sie kennen viele Wörter zu Themenfeldern aus ihrem Erfahrungsbereich.

Einen großen Schritt für die Kinder bildet vermutlich der Lehrerwechsel, der meist nach Klasse 2 erfolgt. Man muss sich an eine neue Person gewöhnen. Und in der Fremdsprache ist es sicher auffälliger, dass die neue Lehrerin einen anderen Sprachklang hat. Wurden in den ersten Jahren häufig Tonträger mit verschiedenen Sprechern eingesetzt, ist das für den „Sprecherwechsel" von Vorteil.

1 **Read the sentences. How many school things are there? Fill in the correct number.**

There are 5 pencils.
There are ____ books.
There are ____ school bags.
There are ____ pencil cases.
There are ____ lunch boxes.
There are ____ rulers.
There are ____ rubbers.
There are ____ felt tips.

Sunshine Activity Book 1, class 3. Berlin: Cornelsen

Einführung der schriftlichen Fertigkeiten

Das ist sicher der wichtigste Schritt. Im baden-württembergischen Bildungsplan heißt es: „Neben Erfahrungen mit der mündlichen Ausdrucksform treten in Klassen 3 und 4 erste Erfahrungen mit der Schriftlichkeit". Und: „In Klasse 3 und 4 verstehen die Kinder im schriftlichen Bereich kürzere beschreibende und erzählende Texte sowie Korrespondenztexte aus ihrer Erfahrungswelt und bekannten Themenfeldern, die hauptsächlich aus bekannten einfachen sprachlichen Mitteln bestehen. Sie sind in den Klassen 3 und 4 auf kontextuelle Hilfen angewiesen." Nach dem zweiten Schuljahr wird also die Schrift mit einbezogen, von der die Kinder auch bisher stets umgeben waren. Aus guten Gründen bestimmten mündliche Fertigkeiten den Unterricht. Jetzt erfolgt der Einsatz des Schriftbildes gezielt, aber immer in der Folge Hören – Verstehen – Sprechen – Lesen.

Die Kinder verfügen jetzt über einen ausgiebigen Sprachschatz. Er bietet eine gute Grundlage, da die Hinführung und der Ausbau der Lesefertigkeit an hinlänglich bekanntem Sprachmaterial erfolgen können. So kann man relativ schnell zum Lesen hinführen, aber in kleinen Schritten:

- Wiedererkennen bekannter Klang- und Wortbilder,
- Zuordnung von Wort und Bild,
- Mitlesen bei bekannten Strukturen,
- Mitlesen bei bekannten Reimen,
- Erlesen von Sätzen mit bekanntem Wortschatz.

Sunshine Activity Book 1, class 3. Berlin: Cornelsen

Mündliche Fertigkeiten aus dem Anfangsunterricht können so zum schriftlichen Bereich führen. Die Lehrerin erinnert die Kinder an ein Lied (oder einen Reim), das sie im letzten Jahr kennengelernt haben. Sie sagt es vor, spielt es von der CD ab, zeigt die entsprechenden Bilder dazu. Die Kinder freuen sich meist über ihr Wiedererkennen. Nach gemeinsamem Wiederholen erhalten sie Wortkarten zu Bildern von Schlüsselwörtern aus dem Text. Anschließend bekommen sie einen Lückentext, in dem sie die Wortkarten in die entsprechenden Lücken einsetzen können. Gemeinsames Sprechen und Singen schließt sich an.

Wichtig bleibt, dass man mit dem Einführen der Schrift die Unterrichtsformen des Hörverstehens und des Sprechens nicht zurückdrängt, sondern dass nach wie vor der Primat des Mündlichen gilt.

Mehr Themen und Inhalte?

Für den Fremdsprachenunterricht werden Themenfelder aus der Erlebniswelt der Kinder gewählt, die zur Erweiterung des Weltwissens beitragen sollen und auch im übrigen Unterricht behandelt werden. Dieser Forderung kann man ab Klasse 3 besser nachkommen, wenn der Unterricht von Anfang an sowohl sprachlich als auch inhaltlich spiralförmig angelegt ist, wenn also Bekanntes wiederholt und gefestigt und Neues hinzugefügt wird.

Das Thema „Umgang mit Zahlen" kann sich z. B. wie folgt über die Schuljahre aufbauen oder auch im differenzierenden Unterricht behandelt werden:

- In Klasse 1 lernen die Kinder zunächst – parallel zum Mathematikunterricht – mit den Zahlen bis 10 umzugehen.
- Dann zählen und rechnen sie im Zahlenraum bis 20 (Lieder, Gruppeneinteilung, Gruppenspiele).
- Schließlich werden die Zahlen 1 bis 30 geübt (Sportspiele).
- Später lesen wir die Uhrzeit ab (ganze Stunden) und fragen nach der Zeit (*What's the time, Mr. Wolf?*).
- Schließlich wird bis 100 gezählt (Würfel- und Bingospiele ...).
- In Klasse 3 kann man dann die Uhrzeit auf Minutenangabe erweitern.
- In Klasse 4 werden Preise erfragt und genannt (Thema *shopping*).
- Weitere differenzierende Möglichkeiten bieten Ordinalzahlen (Datum) und
- Messen und Rechnen mit Gewichten und Längenmaßen im metrischen und nicht-metrischen System.

Kooperation und Informationsaustausch zwischen den Lehrpersonen der Klassen 1/2 und 3/4 sind wichtig. Derjenige, der die Klasse übernimmt, sollte wissen, welche Inhalte in welcher Form behandelt sind und welche Kompetenzen die Kinder erreicht haben – und zwar nicht, um sie „abzuhaken", sondern um direkt daran anzuknüpfen, zu festigen, zu erweitern.

Benotung

In welcher Form die Leistungsbeurteilung für Schüler und Eltern erfolgt, hängt von den jeweiligen Vorgaben ab. Für baden-württembergische Schüler ist ab Klasse 3 die Notengebung neu. Statt einer schriftlichen Beurteilung wie in den Klassen 1 und 2 erhalten sie nun im Zeugnis eine Note, die allerdings nicht versetzungs- oder übergangsrelevant ist. Wie diese Note zustande kommt, darüber muss die Lehrkraft die Eltern informieren. Eine Rückmeldung ihrer Beobachtungen zu Gelerntem und Geleistetem sollte für Eltern und Kinder weiterhin regelmäßig und in positiver Form erfolgen, sodass es hier nach Klasse 2 nicht zu einem Motivationsbruch kommt.

Vorteile des frühen Fremdsprachenlernens

Die hohe Motivation der Schulanfänger für die Fremdsprache kann nach meiner Erfahrung gut erhalten bleiben. Durch ihr Vorwissen in der Sprache aus den ersten Jahren ist eine schnellere Verknüpfung mit ihrem Weltwissen möglich. Es lassen sich umso besser und häufiger fächerübergreifendes Lernen und erste Formen bilingualen Lehrens und Lernens organisieren. *The tadpole* ist manchmal noch interessanter als *Die Entwicklung der Kaulquappe zum Frosch*.

Im Bereich der Sprachlernkompetenz lernen die Kinder erste Strategien zum Erlernen der Fremdsprache – auch Strategien, die ihnen aus dem Muttersprachererwerb geläufig sind. Sie lernen z.B. aus der direkten Beobachtung, nutzen ganz selbstverständlich Mimik und Gestik und andere nonverbale Ausdrucksformen. Je früher Kinder mit dem Fremdsprachenlernen begonnen haben, desto seltener fragen sie bei einer Erzählung nach unbekannten Wörtern. Sie versuchen ganz selbstverständlich, sich den Sinn selbst zu erschließen. Sind wir es doch von älteren Lernern eher gewohnt, dass sie sehr schnell bei einem unbekannten Wort fragen: „Und was heißt das?" Gerade diese Fähigkeit des selbstständigen Texterschließens wirkt sich auch in den folgenden Jahren positiv aus.

Register